Mach dich schlau!

Mit Erfolg durch die
2. Klasse

Inhalt

Mathematik

Rechnen im Hunderterraum:
  Addieren und Subtrahieren 3–15
  Das Einmaleins 16–48
Rechnen bis 100:
  Verdoppeln und Halbieren 49–57
Rechnen bis 100:
  Addieren und Subtrahieren 58–71
Sachaufgaben 72–75
Rechenvorteile und Wiederholung 76–83

Deutsch

Allerlei zum ABC 84–95
Wortarten: Namenwörter 96–108
Wortarten: Tunwörter 109–113
Wortarten: Wiewörter 114–126
Rechtschreibung 127–157

Lösungen 158–160

Der Stift bedeutet:

Hier sollst du etwas ausfüllen.

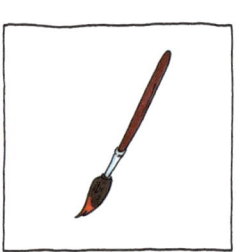

Der Pinsel bedeutet:

Hier sollst du etwas malen.

Rechnen im Hunderterraum: Addieren und Subtrahieren

Mathematik 2. Klasse

Pfiff ist ein ganz besonders „pfiffiger" Hund.
Er wird dich durch das Buch begleiten.
Manchmal gibt er dir Anweisungen.
Ein anderes Mal musst du ihm helfen.
Aber sieh doch selbst!

Wenn du die Lösungszahlen hinter den Buchstaben unten aneinander reihst, erfährst du, wie Pfiffs beste Freundin heißt.

$7 + 9 = 16$ O

$7 + 8 = 15$ M

$7 + 10 = 17$ L

$11 + 8 = 19$ I

$10 + 8 = 18$ L

Pfiffs beste Freundin heißt M O L L I .

15   16   17   18   19

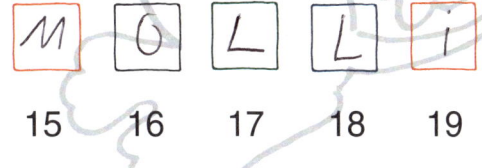

Wenn du die Lösungen der Aufgaben sehen willst, kannst du hinten im Buch nachschauen.

Mathematik 2. Klasse  Addieren und Subtrahieren

Pfiffs beste Freundin heißt also Molli.

Möchtest du wissen, was Molli am liebsten mag?
Dann löse doch die folgenden Aufgaben.

Wenn du die Lösungen der Reihe nach unten in dem Punktebild miteinander verbindest, siehst du Mollis Lieblingsessen.

3 + 4 = 7   4 + 5 = 9

4 + 6 = 10   5 + 7 = 1̶1̶ 2

6 + 8 = 14   7 + 6 = 13

9 + 9 = 1̶8̶ 8   8 + 8 = 16

10 + 7 = 17   10 + 10 = 20

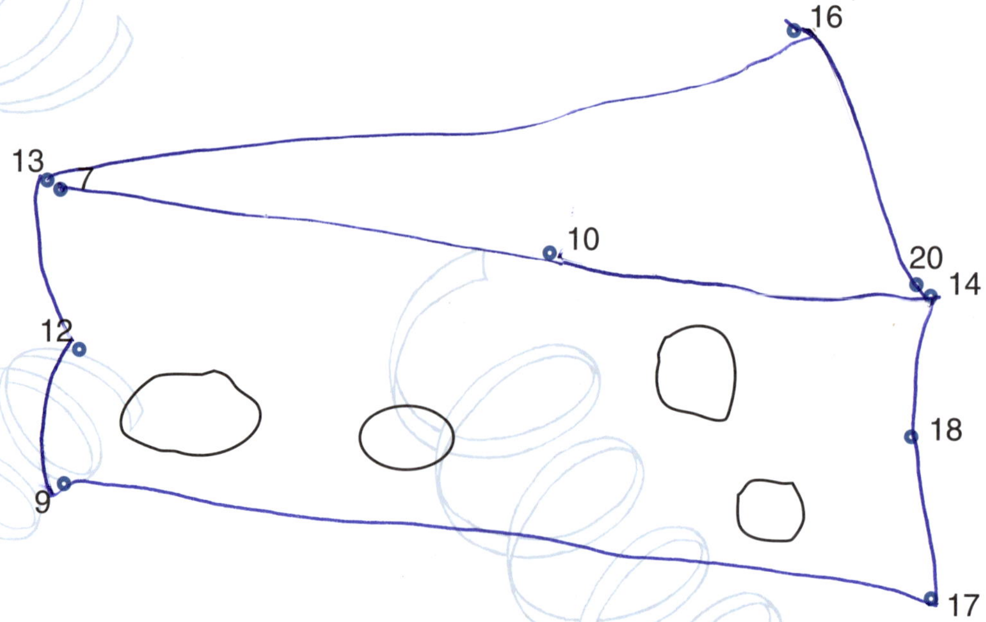

Addieren und Subtrahieren  Mathematik 2. Klasse

Pfiff und Molli unternehmen viel miteinander.

Natürlich üben sie auch gemeinsam das Rechnen.

Wenn du erfahren möchtest, wer manchmal noch dabei mitmacht, dann löse doch diese Minusaufgaben.

20 − 2 = 18   K

20 − 8 = 12   A

16 − 3 = 13   T

16 − 8 = 8   H

14 − 7 = 7   R

12 − 6 = 6   I

11 − 6 = 5   N

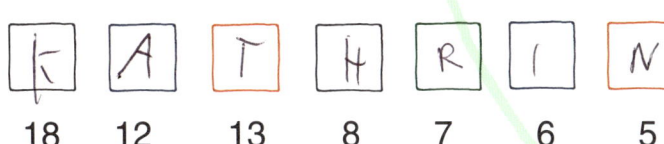

18   12   13   8   7   6   5

Mathematik 2. Klasse  **Addieren und Subtrahieren**

Ja, sie heißt Kathrin ...
aber den Nachnamen verrät Pfiff dir noch nicht.
Den kannst du aber erkennen,
wenn du siehst, was Kathrin für ein Tier ist.

Male die Felder aus, in denen deine Lösungen zu finden sind!

$12 - 4 + 7 = \underline{15}$ $10 - 5 + 8 = \underline{}$

$12 + 5 - 9 = \underline{8}$ $10 + 7 - 8 = \underline{}$

$12 + 8 - 10 = \underline{}$ $10 - 6 + 8 = \underline{}$

$12 - 11 + 13 = \underline{}$ $10 + 3 - 7 = \underline{}$

Addieren und Subtrahieren   Mathematik 2. Klasse

Jetzt kennst du Pfiffs beste Freundinnen.
Das sind also deine Begleiter:

Pfiff, Molli Maus und Kathrin Katze.

Bald werden noch andere Freunde hinzukommen.
Die lernst du dann auch kennen.

Pfiff und Molli stehen vor einer ganz besonderen Mauer.
Wenn du wieder die Lösungsbuchstaben aufschreibst und sie
der Größe nach sortierst, dann weißt du, was hinter der Mauer ist.
Beginne mit der kleinsten Zahl.

4 + 5 = 9	__ + 8 =	__ − 9 =	__ T
7 + 3 =	__ + 7 =	__ − 11 =	__ R
3 + 5 =	__ + 6 =	__ − 9 =	__ A
5 + 5 =	__ + 5 =	__ − 12 =	__ G
13 − 7 =	__ + 4 =	__ + 2 =	__ N
19 − 10 =	__ − 4 =	__ + 4 =	__ E

Das Lösungswort ist ☐☐☐☐☐☐ .

Mathematik 2. Klasse — Addieren und Subtrahieren

In diesem Garten spielen die drei Freunde am liebsten. Möchtest du erfahren, was sie dort oft spielen?

Dann rechne doch einfach noch ein bisschen weiter.

20 + 30 = 50
100 − 20 = 80
40 + 60 = 100
100 − 30 = 70
60 + 30 = 90
100 − 40 = 60
30 + 10 = 40
100 − 70 = 30
50 − 30 = 20

Schreibe die Lösungsbuchstaben der Reihenfolge der Aufgaben nach unten auf die Striche.

100 (D) 40 (A) 20 (L) 50 (F) 90 (R) 70 (E) 30 (L) 60 (B) 80 (E)

Die Freunde spielen gerne ___ ___ ___ ___ ___ ___ ___ ___ ___ .

Addieren und Subtrahieren — Mathematik 2. Klasse

Pfiff möchte sich richtig gut mit den Zahlen bis 100 auskennen.

Möchtest du das auch?
Oder kannst du das vielleicht sogar schon?

Na prima, dann kannst du einfach noch ein bisschen mit Pfiff üben!

1	2	3	4	5	6	7	8	9	10
11	12	13	14	15	16	17	18	19	20
21	22	23	24	25	26	27	28	29	30
31			34			37	38	39	40
41				45	46	47	48	49	50
51				55	56	57	58	59	60
61			64			67	68	69	70
71		73				77	78	79	80
81	82					87	88	89	90
91						97	98	99	100

Füllst du die Hundertertafel aus?

Mathematik 2. Klasse  Addieren und Subtrahieren

Pfiff hat aus seiner Hundertertafel Stückchen ausgeschnitten.

Molli soll nun die fehlenden Zahlen ergänzen.

Du hilfst ihr sicher.
Wenn du nicht weiterkommst,
kannst du ja noch einmal in deiner Hundertertafel nachsehen.

1	2
11	12

9	10
19	20

53		
63	73	83

36	37
46	47

66
77
88

13		
23	33	43

55	
	44
	33

Addieren und Subtrahieren — **Mathematik 2. Klasse**

Nimm dir noch einmal deine Hundertertafel!

Schreibe auf:

1. alle Zahlen mit 0 Einern: 0, 10, _____

2. alle Zahlen mit 1 Einer: 1, 11, _____

3. alle Zahlen mit 5 Einern: 5, 15, _____

4. alle Zahlen von 11 bis 30: 11, _____

5. alle Zahlen von 82 bis 99: 82, _____

6. alle Zahlen von 35 bis 43: 35, _____

Möchtest du wissen, ob alles richtig war?
Dann schau hinten im Buch nach.

11

Mathematik 2. Klasse — Addieren und Subtrahieren

Bestimmt kannst du dich jetzt auch schon an kleine Rechenaufgaben wagen. Oder?

Pfiff will es jedenfalls versuchen.

Er ist wieder in seinem schönen Garten.

Wenn du wissen möchtest, was er da beobachtet, dann löse die folgenden Aufgaben!

10 + 10 = R
40 + 50 = R
60 + 20 = U
35 + 5 = G
20 + 30 = E
65 + 5 = W
55 + 5 = N
95 + 5 = M
10 + 20 = E

Sortiere nun deine Ergebnisse der Größe nach.
Beginne mit dem kleinsten Ergebnis.
Schreibe in dieser Reihenfolge die Lösungsbuchstaben auf!

Pfiff beobachtet gerade einen

Addieren und Subtrahieren — Mathematik 2. Klasse

Kannst du mit den neuen Zahlen auch schon Minusaufgaben lösen?

Pfiff versucht es.
Du sicher auch.

Wenn du alle Minusaufgaben richtig gelöst hast, erfährst du, was der Regenwurm in Pfiffs Garten macht.

46 − 4 =   R

85 − 4 =   U

79 − 6 =   B

48 − 7 =   G

49 − 6 =   Ä

89 − 10 =   T

98 − 8 =   M

Mache es wie eben!
Sortiere nach der Größe
und dieses Mal auch nach der Farbe!

Der Regenwurm   die Erde .

Mathematik 2. Klasse — Addieren und Subtrahieren

Pfiff beobachtet die Fische im Teich.

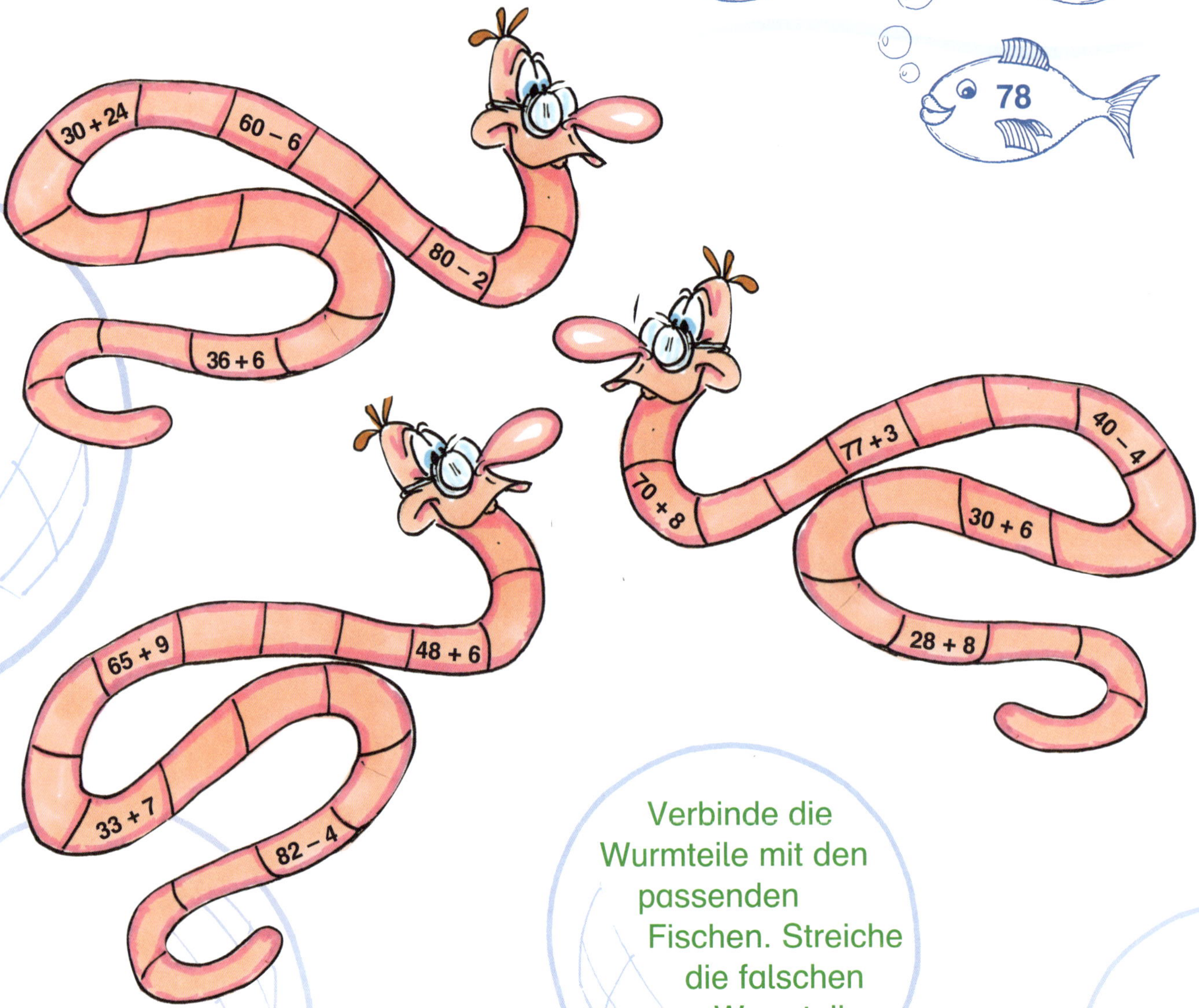

Fische: 54, 36, 78

Wurm 1: 30 + 24, 60 − 6, 80 − 2, 36 + 6

Wurm 2: 65 + 9, 48 + 6, 33 + 7, 82 − 4

Wurm 3: 70 + 8, 77 + 3, 40 − 4, 30 + 6, 28 + 8

Verbinde die Wurmteile mit den passenden Fischen. Streiche die falschen Wurmteile durch!

Addieren und Subtrahieren — Mathematik 2. Klasse

In Pfiffs Gartenteich sind auch noch drei ganz große Fische.
Schau sie dir genau an.
Siehst du, was du mit ihnen machen musst?

Kreuze an, wo du zu dem Ergebnis **45** kommst!

45	39	48	43
	6	3	5
+			
–			

Kreuze an, wo du zu dem Ergebnis **74** kommst!

74	50	34	80
	24	32	6
+			
–			

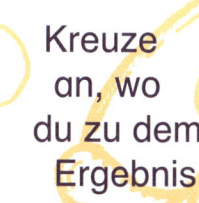

Kreuze an, wo du zu dem Ergebnis **55** kommst!

55	75	49	45
	20	8	10
+			
–			

Das hast du aber toll gemacht!

Prima, weiter so!

Mathematik 2. Klasse

Das Einmaleins

Pfiff hat Schokowaffeln gekauft.
Immer 10 Stück sind in einer Packung.

10 + ☐ + ☐ = ☐

Das kann man auch einfacher schreiben,
nämlich als Malaufgabe: 3 · 10 = 30
Mache doch aus den folgenden Plusaufgaben Malaufgaben!

Plusaufgaben:

10 + 10 + 10 + 10 = ☐

10 + 10 + 10 + 10 + ☐ = ☐

10 + 10 + 10 + 10 + 10 + 10 + 10 = ☐

10 + 10 = ☐

10 + 10 + 10 + 10 + 10 + 10 + 10 + 10 = ☐

Malaufgaben:

4 · 10 = ☐

5 · 10 = ☐

7 · 10 = ☐

2 · 10 = ☐

8 · 10 = ☐

Das Einmaleins **Mathematik 2. Klasse**

Pfiff hat etwas gemerkt.

Das Einmaleins mit der 10 – also die 10er-Reihe – ist einfach!

Deshalb hier noch ein paar umgekehrte Aufgaben:

40 = 4 · 10
70 = 7 · 10
20 = 2 · 10
90 = 9 · 10
10 = 1 · 10
50 = 5 · 10
30 = 3 · 10
60 = 6 · 10
80 = 8 · 10
100 = 10 · 10

Und hier kannst du die Zahlen der 10er-Reihe noch einmal der Reihe nach verbinden:

5. 50
2. 20
9. 90
3. 30
6. 60
7. 70
4. 40
8. 80
1. 10
10. 100

17

Mathematik 2. Klasse  Das Einmaleins

Kannst du das auch mit der 5er-Reihe?

Pfiff und Molli spielen mit der Kugelbahn.

 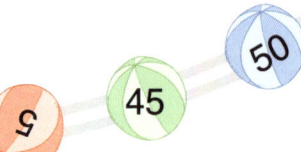  

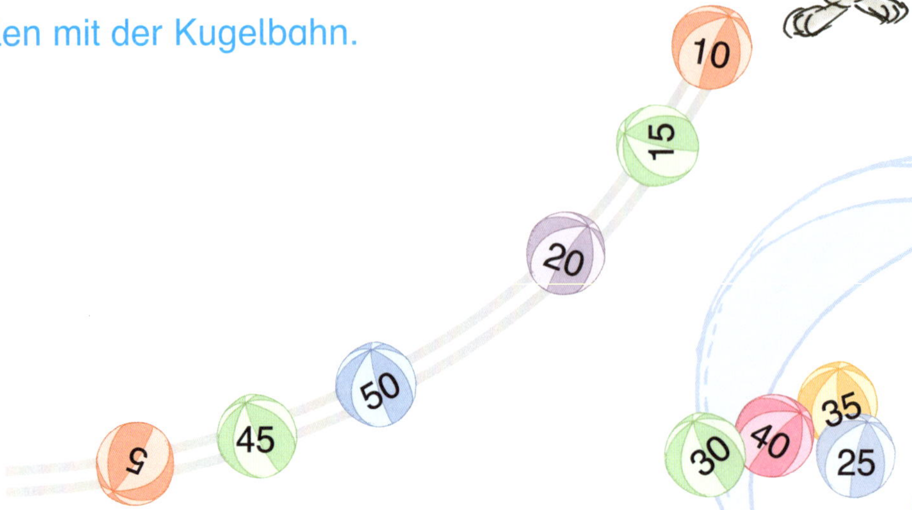

Schreibe die Zahlen der 5er-Reihe hier in der richtigen Reihenfolge auf!

5, 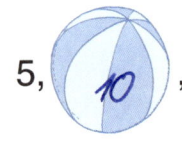10 , 15 , 20 , 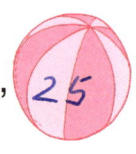25 , 30 , 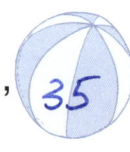35 , 40 , 45 , 50

Und nun rückwärts:

50, 45 , 40 , 35 , 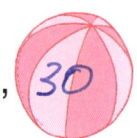30 , 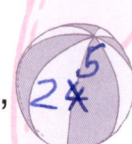25 , 20 , 15 , 10 , 5

Das Einmaleins — Mathematik 2. Klasse

Jetzt rechnen Pfiff und Molli ein paar Aufgaben aus den beiden Reihen (10er-Reihe und 5er-Reihe).

4 · 5 = 20
7 · 5 = 35
9 · 5 = 45
1 · 5 = 5
10 · 5 = 50
5 · 5 = 25
3 · 5 = 15
6 · 5 = 30
2 · 5 = 10
8 · 5 = 40

5 · 10 = 50
3 · 10 = 30
9 · 10 = 90
1 · 10 = 10
10 · 10 = 100
6 · 10 = 60
2 · 10 = 20
8 · 10 = 80
4 · 10 = 40
7 · 10 = 70

Das war einfach, oder?

Welche Zahlen haben die beiden Reihen denn gemeinsam?

Schreibe sie hier auf: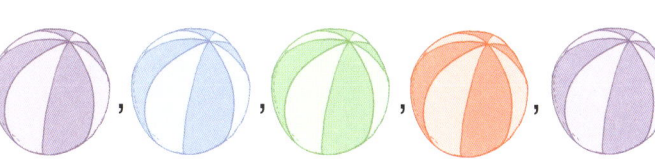

Mathematik 2. Klasse  Das Einmaleins

Nun kann man das ja auch umgekehrt machen.
Das weiß Pfiff schon.
Du kennst das auch!
Pfiff hat 30 Murmeln in einer riesengroßen Kugel.

1. Immer 5 Murmeln sollen in eine kleine Kugel.
   Wie viele Kugeln werden es?
   Es werden ____ Kugeln.

2. Immer 10 Murmeln sollen in eine kleine Kugel.
   Wie viele Kugeln werden es?
   Es werden ____ Kugeln.

Schreibe so: 30 : 5 = ____   30 geteilt durch 5 gleich ____
30 : 10 = ____   30 geteilt durch 10 gleich ____

Murmeln	5er-Kugeln	10er-Kugeln
40		
50		
20		

Das Einmaleins  **Mathematik 2. Klasse**

Das war ja einfach!

Hier rechnet Pfiff noch ein paar Geteiltaufgaben. Du hilfst ihm sicher.

Dann erfährst du, was man mit Murmeln alles machen kann.

10 : 5 = 2	100 : 10 = 10	90 : 10 = 9
35 : 5 = 7	10 : 10 = 1	50 : 10 = 5
50 : 5 = 10	40 : 5 = 8	30 : 10 = 3
45 : 5 = 9	80 : 10 = 8	40 : 10 = 4
70 : 10 = 7	35 : 5 = 7	70 : 10 = 7
15 : 5 = 3	30 : 10 = 3	15 : 5 = 3

Hier die Lösungen mit den entsprechenden Buchstaben:

1	2	3	4	5	7	8	9	10
O	W	N	G	A	E	L	F	R

Schreibe die Lösungswörter doch hierhin: Murmeln kann man

____ ____ ____ ____ ____ , ____ ____ ____ ____ ____ ____

und ____ ____ ____ ____ ____ ____ .

Mathematik 2. Klasse  Das Einmaleins

Pfiff hat die Klasse 2a besucht.
Er hat sich den Stundenplan genau angesehen.

1. An wie vielen Tagen hat die 2a in der Woche Unterricht?

   Die 2a hat an Tagen Unterricht.

2. Wie viele Unterrichtstage sind das in 4 Wochen?

   In 4 Wochen sind das Unterrichtstage.

3. Bis zu den nächsten Ferien sind es noch 7 Wochen und 3 Tage.
   Wie lange müssen die Kinder noch auf ihre Ferien warten?

   Es sind noch Unterrichtstage bis zu den Ferien.

4. Ein Schulhalbjahr hat 20 Wochen.
   Kannst du ausrechnen, wie viele Schultage das sind?

   Ein Schulhalbjahr hat <Schultage.

22

Das Einmaleins      **Mathematik 2. Klasse**

Pfiff schaut sich in der Schreibwarenabteilung des Kaufhauses um.

1. In einem Regal liegen Wachsmalstifte.
   Es sind insgesamt 45 Stück.
   Wie viele 5er-Packungen sind das?

   Rechnung: _____

   Es sind ____ 5er-Packungen.

2. In einem anderen Regal liegen Pinsel.
   Es sind insgesamt 80 Stück.
   Wie viele 10er-Packungen sind das?

   Rechnung: _____

   Es sind ____ 10er-Packungen.

Pfiff und Kathrin haben große Wäsche.

Auweia! So viele Socken durcheinander!
Wie viele Paare das wohl sind?

Verbinde immer die Socken miteinander, die zueinander passen!

Schreibe die Malaufgabe: ____ • 2 = 14

Kannst du auch die Geteiltaufgabe schreiben?

14 : ____ = ____

Das Einmaleins  **Mathematik 2. Klasse**

Du hast es sicher schon bemerkt: Wir üben die 2er-Reihe.

Pfiff und Kathrin hängen Wäsche auf.
Alle Pullover sind bedruckt mit den Zahlen der 2er-Reihe.
Aber da scheint etwas bei der Wäsche nicht geklappt zu haben.

Malst du die Zahlen wieder auf die Pullover?

Mathematik 2. Klasse  **Das Einmaleins**

Jetzt kannst du sicher auch mit der 2er-Reihe rechnen.

Trage in Pfiffs Merktafel erst einmal die vollständige 2er-Reihe ein!

1 · 2 = ____   6 · 2 = ____

2 · 2 = ____   7 · 2 = ____

3 · 2 = ____   8 · 2 = ____

4 · 2 = ____   9 · 2 = ____

5 · 2 = ____   10 · 2 = ____

Hier kannst du noch ein wenig üben:
Welche Zahlen gehören zur 2er-Reihe?

Kreise ein!

Das Einmaleins  **Mathematik 2. Klasse**

Die 4er-Reihe ist schon etwas schwieriger.
Oder fällt sie dir leicht?

Dann kannst du sie ja schnell
noch einmal aufschreiben.
Pfiff versucht es auch.

Viererzahlen vorwärts:

4, ____, ____, ____, ____, ____, ____, ____, ____, 40

Viererzahlen rückwärts:

40, ____, ____, ____, ____, ____, ____, ____, ____, 4

Findest du in dem Durcheinander die Zahlen der 4er-Reihe?
Kreise sie ein!

36   26   6   16   20   12   34
   20   4   40   32
   24   8   28

Schreibe Aufgaben dazu! Schreibe so: 36 = 9 · 4

36 = 9 · 4	20 = ☐ · ☐	4 = ☐ · ☐
24 = ☐ · ☐	8 = ☐ · ☐	16 = ☐ · ☐
12 = ☐ · ☐	28 = ☐ · ☐	40 = ☐ · ☐
20 = ☐ · ☐	32 = ☐ · ☐	12 = ☐ · ☐

Mathematik 2. Klasse  Das Einmaleins

Pfiff hat auf der Kirmes Karusselltiere entdeckt.

Immer vier Kinder sitzen auf einem Holztier.

Auf wie viele Tiere passen 20 Kinder?

20 : 4 = ☐

Auf wie viele Tiere passen 36 Kinder?

36 : 4 = ☐

Auf wie viele Tiere passen 16 Kinder?

16 : 4 = ☐

Auf wie viele Tiere passen 28 Kinder?

28 : 4 = ☐

Hier noch einige Geteiltaufgaben:

40 : 4 = ☐

24 : 4 = ☐

32 : 4 = ☐

8 : 4 = ☐

12 : 4 = ☐

4 : 4 = ☐

Das Einmaleins  **Mathematik 2. Klasse**

Pfiff spaziert mit Molli durch den Tierpark.

Das bringt ihn auf eine tolle Idee.
Er macht Tierrätsel für Molli,
für die man die 4er-Reihe braucht.

Hilfst du Molli?

Wie viele Beine haben 6 Nilpferde?
☐ Beine

Wie viele Beine haben 10 Katzen?
☐ Beine

Wie viele Beine haben 8 Jaguare?
☐ Beine

Wie viele Beine haben 9 Frösche?
☐ Beine

Wie viele Beine haben 3 Kühe und 4 Pferde?
☐ Beine

29

Mathematik 2. Klasse  Das Einmaleins

Pfiff ist immer noch im Tierpark.

Molli mag am liebsten die Schildkröten.
Pfiff findet die Kätzchen am niedlichsten.

Jetzt stellt Molli die Fragen.

Wie viele Tiere sind es?

28 Pferdefüße: ☐ Pferde

16 Hundebeine: ☐ Hunde

8 Bärentatzen: ☐ Bären

12 Giraffenhufe: ☐ Giraffen

32 Mäusefüßchen: ☐ Mäuschen

20 Hamsterbeine: ☐ Hamster

Und welches von diesen Tieren gefällt dir am besten?

Ich mag am liebsten die _____.

Das Einmaleins

Mathematik 2. Klasse

Pfiff hat einige Freunde eingeladen.

Er hat Müsliriegel gekauft, damit sie etwas zur Stärkung haben.

In einer Packung sind immer drei Müsliriegel.

Wie viele Packungen muss Pfiff kaufen, wenn sie zu sechst sind?
Schreibe diese Aufgabe hierhin: ____6 · 3 =_____

Wie viele Packungen braucht Pfiff, wenn jeder der 6 Freunde 2 Riegel haben soll?
Schreibe diese Aufgabe hierhin: ____6 + 2 = 12_____

Du merkst es schon: Pfiff will zur 3er-Reihe.
Kannst du die 3er-Reihe wieder auf einen Merkzettel schreiben?

1 · 3 = 3	6 · 3 = 18
2 · 3 = 6	7 · 3 = 21
3 · 3 = 9	8 · 3 = 24
4 · 3 = 12	9 · 3 = 27
5 · 3 = 15	10 · 3 = 30

Mathematik 2. Klasse   Das Einmaleins

Pfiff hat Recht.
Dennoch muss man sie ein bisschen üben.
Du hast sicher auch Lust dazu.

Schreibe zu den Bällen aus der 3er-Reihe die Aufgaben dazu.

Schreibe so: 3 = 1 · 3

3 = 1 · 3

Das Einmaleins

Mathematik 2. Klasse

Dieses Mal sind die 3er- und die 4er-Reihe etwas durcheinander geraten.

Du hilfst Pfiff sicher beim Sortieren.

Kreise die Zahlen der 4er-Reihe rot ein!
Kreise die Zahlen der 3er-Reihe blau ein!

3	6	9	4	8	12
15	16	18	20	21	24
27	28	32	30	36	40

Was hast du festgestellt?
Folgende Zahlen gehören zu 3er- und zur 4er-Reihe: _36, 9, 12, 15, 18, 21, 24_

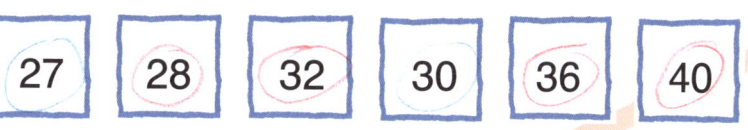

Mathematik 2. Klasse — **Das Einmaleins**

Molli hat Pfiff noch ein paar Aufgaben mitgebracht.
Aber aufgepasst, hier gehen 3er- und 4er-Reihe durcheinander.

Löst du sie mit Pfiff?

7 • 3 = ____ E

6 • 4 = ____ H

9 • 3 = ____ E

3 • 4 = ____ R

8 • 4 = ____ N

3 • 3 = ____ E

2 • 3 = ____ F

5 • 4 = ____ S

6 • 3 = ____ N

Wenn du die Zahlen von der kleinsten bis zur größten ordnest und dann die Lösungsbuchstaben einsetzt, erfährst du, was Pfiff nach der Rechnerei tun wird.

Ordne hier zuerst die Zahlen:

____, ____, ____, ____, ____,
____, ____, ____, ____.

Pfiff wird jetzt
_____.

Das Einmaleins  **Mathematik 2. Klasse**

Pfiff möchte für Frau Meier einkaufen gehen.
Das ist seine Nachbarin.
Sie backt Kuchen für das Schulfest.
Dafür braucht sie 30 Eier.
Im Laden sieht Pfiff, dass immer
6 Eier in einer Packung sind.

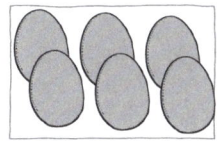 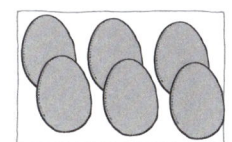

Wie viele Packungen muss Pfiff denn kaufen?

Aufgabe: _____

Pfiff muss _____ Packungen Eier kaufen.

Schreibe die 6er-Reihe in die Merktafel und du wirst sehen, dass natürlich auch Pfiffs Lieblingskuchen dabei ist.

1 · 6 = 6 O	6 · 6 = 36 N
2 · 6 = 12 A	7 · 6 = 42 O
3 · 6 = 18 L	8 · 6 = 48 E
4 · 6 = 24 C	9 · 6 = 54 K
5 · 6 = 30 D	10 · 6 = 60 H

Pfiff mag am liebsten S C H O L O L A D E N kuchen.
          24 60 6 54 42 18 12 30 48 36

Mathematik 2. Klasse  Das Einmaleins

Hier ist einiges durcheinander geraten.

Pfiff und Molli versuchen, schnell die Zahlen der 6er-Reihe herauszufinden. Du bist doch auch dabei. Oder?

Kreise die Zahlen der 6er-Reihe farbig ein.

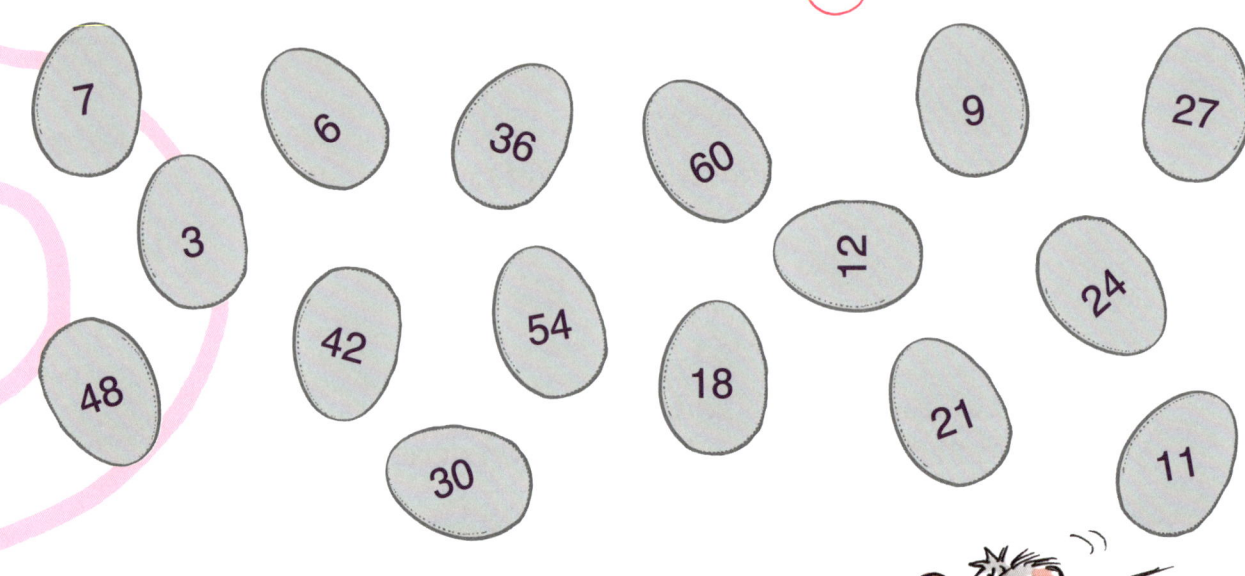

Schreibe hier die 6er-Reihe auf:

6, ____, ____, ____, ____, ____, ____, ____, ____, 60

Hier geht es rückwärts:

60, ____, ____, ____, ____, ____, ____, ____, ____, 6

 Das hat doch prima geklappt. Nicht wahr?

Das Einmaleins — **Mathematik 2. Klasse**

Pfiff besucht die Klasse 2c.

Sie macht nämlich einen Ausflug.

In der Klasse sind 22 Kinder, dazu kommen noch Pfiff und die Lehrerin.

1. Ein Zugabteil hat 6 Plätze.

    Wie viele Abteile braucht die Klasse?

    Rechnung: _____

    Sie braucht ____ Abteile.

2. Wie viele Personen haben in 4 Abteilen (in 7 Abteilen, in 9 Abteilen) Platz?

    Rechnung: 4 Abteile: _____

    7 Abteile: _____

    9 Abteile: _____

Mathematik 2. Klasse — **Das Einmaleins**

Die 6er-Reihe ist doch schwerer, als Pfiff dachte.

Auf dem Klassenausflug besichtigen die Kinder und auch er eine ☐☐☐☐. Ja, was denn?

Rechne die Aufgaben und male die Lösungsfelder am besten in Braun oder Grau an. Dann siehst du, was sie besichtigen wollen.

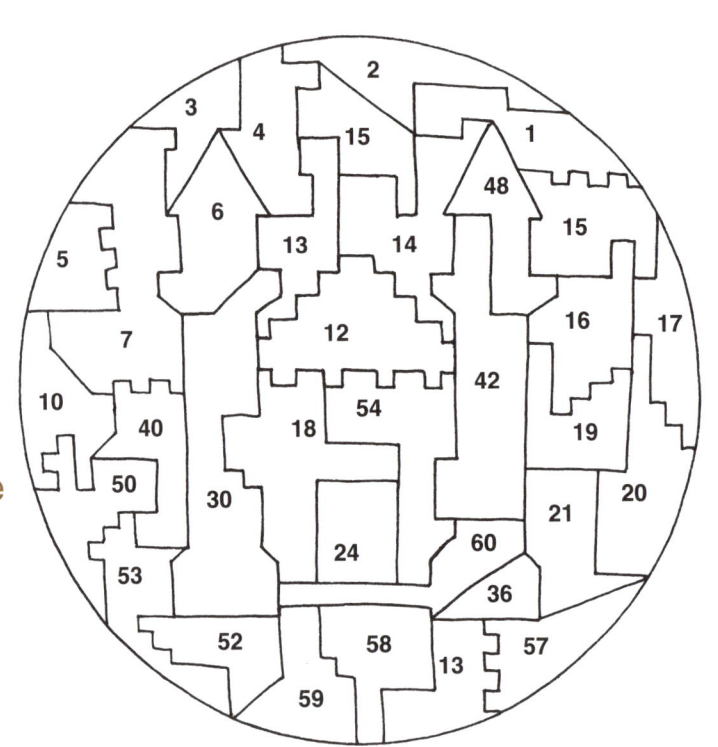

4 · 6 = ____   3 · 6 = ____
7 · 6 = ____   9 · 6 = ____
5 · 6 = ____   2 · 6 = ____
1 · 6 = ____   8 · 6 = ____
10 · 6 = ____   6 · 6 = ____

Das Einmaleins — Mathematik 2. Klasse

Du hast sicher schon gemerkt, dass die 6er-Reihe und die 3er-Reihe viel gemeinsam haben.

Kreuze an!

	3	6	9	12	15	18	21	24	27	30	36	42	48	54	60
3er-Reihe															
6er-Reihe															

Schreibe hier die Zahlen auf, die beide Reihen gemeinsam haben!

_____

Schreibe jeweils beide Malaufgaben dazu auf!

Beispiel: 6 = 1 · 6, 6 = 2 · 3

6	=	1	·	6

6	=	2	·	3

Mathematik 2. Klasse — **Das Einmaleins**

Pfiff ist in der 2a.

Er möchte sehen, wie weit die Kinder schon mit dem Einmaleins sind.
Oh, sie können die 8er-Reihe schon!
Die muss Pfiff jetzt gleich nachholen.

Die Klasse 2a hat zwei neue Schüler bekommen. Jetzt sind sie 24.
Sie sitzen an 8er-Tischen.

Wie viele Achtergruppen sind das wohl?

Es sind ☐ Achtergruppen.

Möchtest du gleich die Merkliste für die 8er-Reihe anlegen?

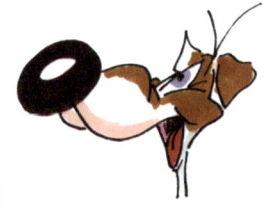

1 • 8 = ___   6 • 8 = ___
2 • 8 = ___   7 • 8 = ___
3 • 8 = ___   8 • 8 = ___
4 • 8 = ___   9 • 8 = ___
5 • 8 = ___   10 • 8 = ___

Das Einmaleins

Mathematik 2. Klasse

Die 8er-Reihe ist gar nicht so einfach.

Da muss man viel üben.
Das weiß auch Pfiff.

Suche die Zahlen der 8er-Reihe aus dem Zahlendurcheinander heraus. Kreuze sie **blau** an!

Findest du die Zusammenhänge der 4er-, der 6er- und der 8er-Reihe?

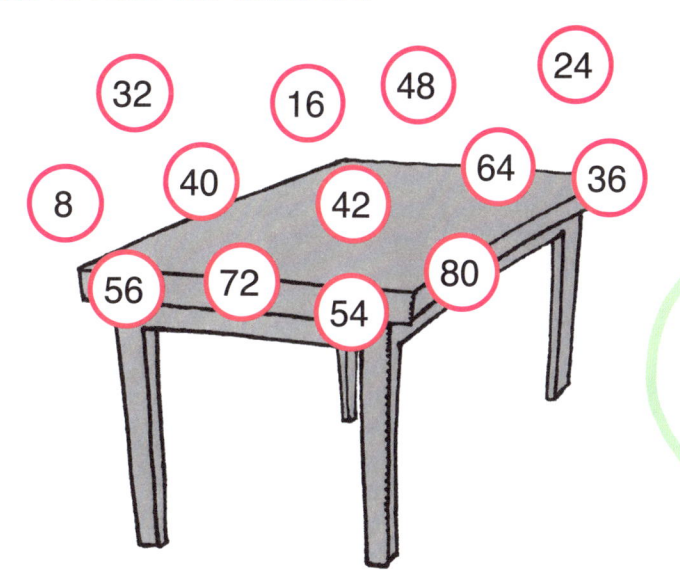

Zahlen auf dem Tisch: 32, 16, 48, 24, 8, 40, 64, 36, 42, 56, 72, 54, 80

Kreuze an.

4	6	8	12	16	18	20	24	28	30	32	36	40	42	48	54	56	60	64	72	80	
																					4er-Reihe
																					6er-Reihe
																					8er-Reihe

Eine Zahl haben alle Reihen gemeinsam: ____.

Die 4er-Reihe und die 8er-Reihe haben folgende Zahlen gemeinsam:
_____.

Die 6er-Reihe und die 8er-Reihe haben folgende Zahlen gemeinsam:
_____.

Wenn du wissen möchtest, ob du alles richtig hast, schau hinten im Buch nach.

Mathematik 2. Klasse — Das Einmaleins

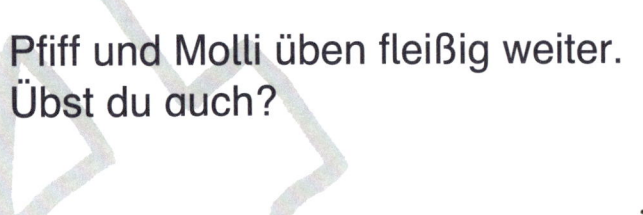

Pfiff und Molli üben fleißig weiter.
Übst du auch?

Fülle die folgenden Tabellen aus!

·	3	4	6	8
2	6			
4				
6				
8				

·	3	4	6	8
3				
5				
7				
9				

Das Einmaleins　　　　　　　　　　　　　　　　　　　　　　Mathematik 2. Klasse

Pfiff schaut der Blumenfrau auf dem Markt zu.

Sie hat 36 Blumen in ihrem Korb und bindet Sträuße.
In jedem Strauß sind 9 Blumen.
Wie viele Sträuße kann sie binden?

Schreibe hier die Aufgabe hin: _____

Die Blumenfrau kann ☐ Sträuße binden.

> Du hast es schon gemerkt: Es geht zur 9er-Reihe.

Du kennst das ja schon. Schreibe dir deine Merktafel zur 9er-Reihe auf!

$1 \cdot 9 =$ ____　　　　$6 \cdot 9 =$ ____

$2 \cdot 9 =$ ____　　　　$7 \cdot 9 =$ ____

$3 \cdot 9 =$ ____　　　　$8 \cdot 9 =$ ____

$4 \cdot 9 =$ ____　　　　$9 \cdot 9 =$ ____

$5 \cdot 9 =$ ____　　　　$10 \cdot 9 =$ ____

Mathematik 2. Klasse — **Das Einmaleins**

Die 9er-Reihe ist gar nicht so schwer.

Schau sie dir mal an!

Schreibe die 9er-Reihe für Pfiff auf!

9, ____, ____, ____, ____, ____, ____, ____, ____, 90

Und nun rückwärts:

90, ____, ____, ____, ____, ____, ____, ____, ____, 9

Hier noch eine kleine Übung:

5 · 9 = ____
7 · 9 = ____
9 · 9 = ____

3 · 9 = ____
6 · 9 = ____
2 · 9 = ____

4 · 9 = ____
8 · 9 = ____
5 · 9 = ____

18(S), 27(Z), 36(S), 45(N), 54(I), 63(A), 72(E), 81(R)

Du kannst erfahren, welche Blumen Pfiff gerne mag.

Pfiff mag ____ ____ ____ ____ ____ ____ ____ ____ .

Das Einmaleins Mathematik 2. Klasse

Der Zauberer Fidibus ist zu Besuch gekommen.

Er hat eine kleine Knobelei mitgebracht.

Trage hier die Zahlen bis 30 ein!

Kreise die Zahlen der 3er-Reihe rot ein!
Kreise die Zahlen der 6er-Reihe blau ein!
Kreise die Zahlen der 9er-Reihe grün ein!

Was stellst du fest? Schreibe auf!

_____

Fidibus hat auch noch ein kleines Rätsel für dich.

Meine Zahl gehört zur 6er- und 9er-Reihe.
Sie steht in der Hundertertafel unter der 44.
Wie heißt meine Zahl?

Sie heißt ____.

Mathematik 2. Klasse — Das Einmaleins

Jetzt fehlt noch die 7er-Reihe.

Eine Woche hat 7 Tage.
Familie Meier macht 21 Tage Urlaub.
Weißt du, wie viele Wochen das sind?

Hier ist Platz für deine Rechnung: ☐ : ☐ = ☐

Familie Meier macht ☐ Wochen Urlaub.

Nun kannst du noch einmal eine Merktafel anlegen: die 7er-Reihe.

1 · 7 = ____   6 · 7 = ____
2 · 7 = ____   7 · 7 = ____
3 · 7 = ____   8 · 7 = ____
4 · 7 = ____   9 · 7 = ____
5 · 7 = ____   10 · 7 = ____

Das Einmaleins — **Mathematik 2. Klasse**

Die 7er-Reihe ist schwer zu lernen, das merkt Pfiff schon.

Aber Kathrin hilft ihm etwas.
Sie dreht die Aufgaben einfach um.

Sie rechnet dann nicht 3 • 7, sondern 7 • 3.
Ja, auch Kathrin ist pfiffig!

Suche erst einmal aus Kathrins Zahlensuppe die Zahlen der 7er-Reihe heraus.

7   22   35   42   49   56   70
14   21   28   36   48   63   64

Wenn du die folgenden Aufgaben rechnest, erfährst du, welche Suppe Kathrin gerne isst.

5 • 7 = ___
9 • 7 = ___
3 • 7 = ___
7 • 7 = ___
2 • 7 = ___

7 • 3 = ___
42 : 7 = ___
7 : 7 = ___
9 : 9 = ___
56 : 7 = ___

1	6	8	14
P	U	E	H

21	35	49	63
S	F	C	I

Wenn es um Suppe geht, mag Kathrin am liebsten

_____ .

Mathematik 2. Klasse — **Das Einmaleins**

Und jetzt hat Pfiff noch etwas ganz Besonderes für dich.

Hier ist wieder eine leere Hundertertafel.

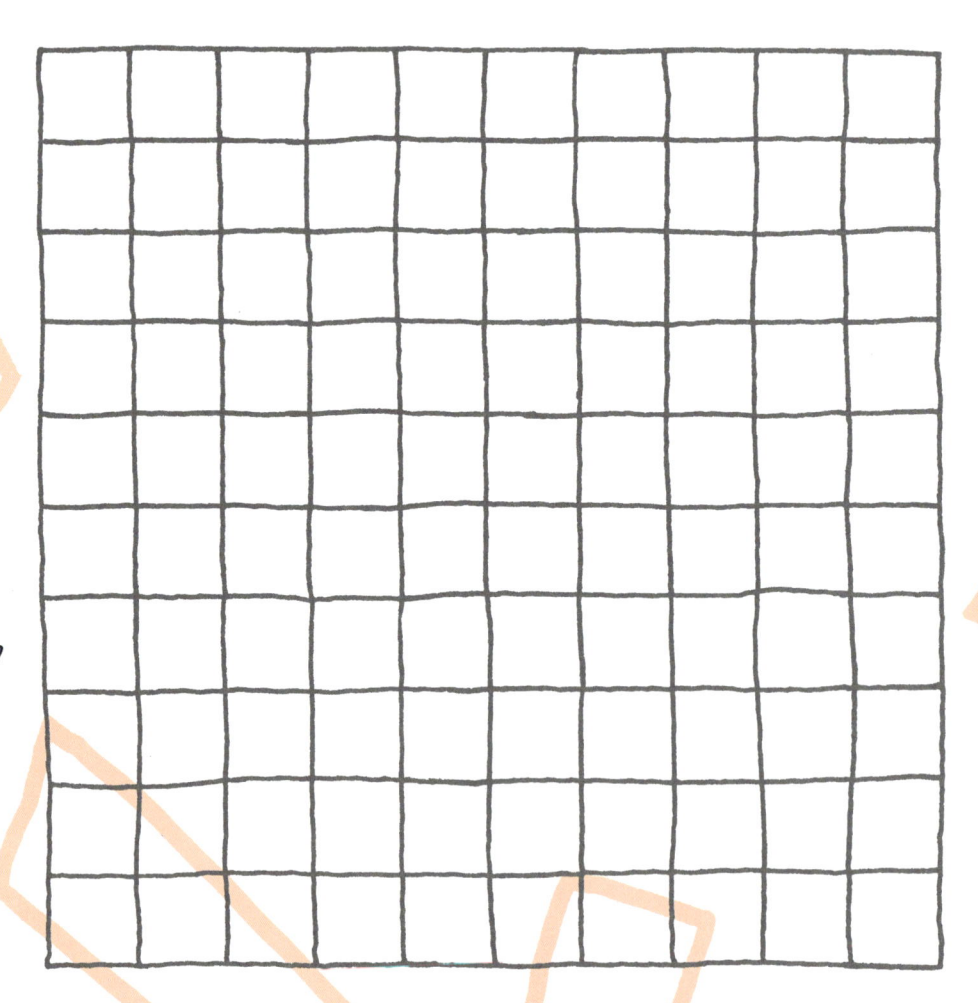

Trage alle Reihen ein von 1 bis 10! Die 7er-Reihe schreibe aber bitte in Rot!
Was kannst du feststellen?

48

Mathematik 2. Klasse

Rechnen bis 100:
Verdoppeln und Halbieren

Pfiff und Molli möchten einige langweilige T-Shirts bemalen.
Ein bisschen haben sie schon angefangen.

Malst du die T-Shirts fertig? Auf jedes sollen doppelt so viele Motive.

49

Mathematik 2. Klasse — **Verdoppeln und Halbieren**

Das war eine schöne Arbeit und das Verdoppeln war gar nicht so schlimm.

Kathrin ist da.
Die drei spielen mit lauter kleinen Sachen.

1. Pfiff hat 7 Knöpfe.
   Kathrin hat doppelt so viele. Male sie!

   Wie viele Knöpfe hat Kathrin? _14_

2. Molli hat 12 Streichhölzer.
   Pfiff hat doppelt so viele. Male sie!

   Wie viele Streichhölzer hat Pfiff? _24_

3. Kathrin hat 2 Würfel.
   Molli hat genau doppelt so viele. Male sie!

   Wie viele Würfel hat Molli? _4_

Verdoppeln und Halbieren   **Mathematik 2. Klasse**

Pfiff steht vor seinem Aquarium.

Er hat __12__ Fische.

Na, wie viele sind es?

Pfiff möchte noch mehr Fische kaufen. Er möchte dann genau doppelt so viele haben. Zeichne die neuen Fische!

Wie viele Fische hat er jetzt?

Pfiff hat jetzt __24__ Fische. (giznawzdnureiv)

Mathematik 2. Klasse — **Verdoppeln und Halbieren**

Pfiff hat etwas herausgefunden:

Beim Verdoppeln nehmen wir immer mal 2.

Jetzt möchte Pfiff noch ein paar Aufgaben rechnen.

III (Zehnerstäbe) und ..... (Einerpunkte) sind ____ .

Zeichne das Doppelte! _____ Es sind ____ .

Mache es bei den folgende Aufgaben genauso!

IIII = ____ , verdoppelt: _____ = ____ .

III ...... = ____ , verdoppelt: _____ = ____ .

II ... = ____ , verdoppelt: _____ = ____ .

III .... = ____ , verdoppelt: _____ = ____ .

52

Verdoppeln und Halbieren — Mathematik 2. Klasse

Rechne bei den folgenden Aufgaben immer das Doppelte!
Pfiff wird es auch versuchen.

Wenn du alle Aufgaben richtig gelöst hast, wirst du sehen, wovon Pfiff auch gerne das Doppelte hätte.

20 + 20 = 40 S

45 + 45 = 90 L

35 + 35 = 70 E

24 + 24 = 48 P

25 + 25 = 50 A

44 + 44 = 88 E

36 + 36 = 72 S

15 + 15 = 30 G

27 + 27 = 54 R

32 + 32 = 64 T

38 + 38 = 76 G

50 + 50 = 100 D

16 + 16 = 32 E

Sortiere hier zuerst die Ergebnisse der Größe nach!
Beginne mit der kleinsten Zahl:

| 30 | 32 | 40 | 48 | 50 | 54 | 64 | 70 | 72 | 76 | 88 | 90 | 100 |

Schreibe nun die Lösungsbuchstaben in dieser Reihenfolge auf!
Pfiff hätte gerne doppelt so viel

GESPARTES GELD.

Mathematik 2. Klasse — **Verdoppeln und Halbieren**

Und wie geht das mit dem Halbieren?
Molli und Pfiff malen und basteln.

Pfiff hat 20 Buntstifte.
Er gibt Molli die Hälfte ab.
Wie viele Buntstifte bekommt Molli? ⬚ Stifte.

Molli gibt Pfiff dafür die Hälfte ihrer Blätter.
Molli hat 14 Blätter.
Pfiff bekommt die Hälfte. Das sind ⬚.

Beim Halbieren wird immer durch 2 geteilt.
Halbieren kannst du nur bei geraden Zahlen.

Streiche immer die Hälfte weg!

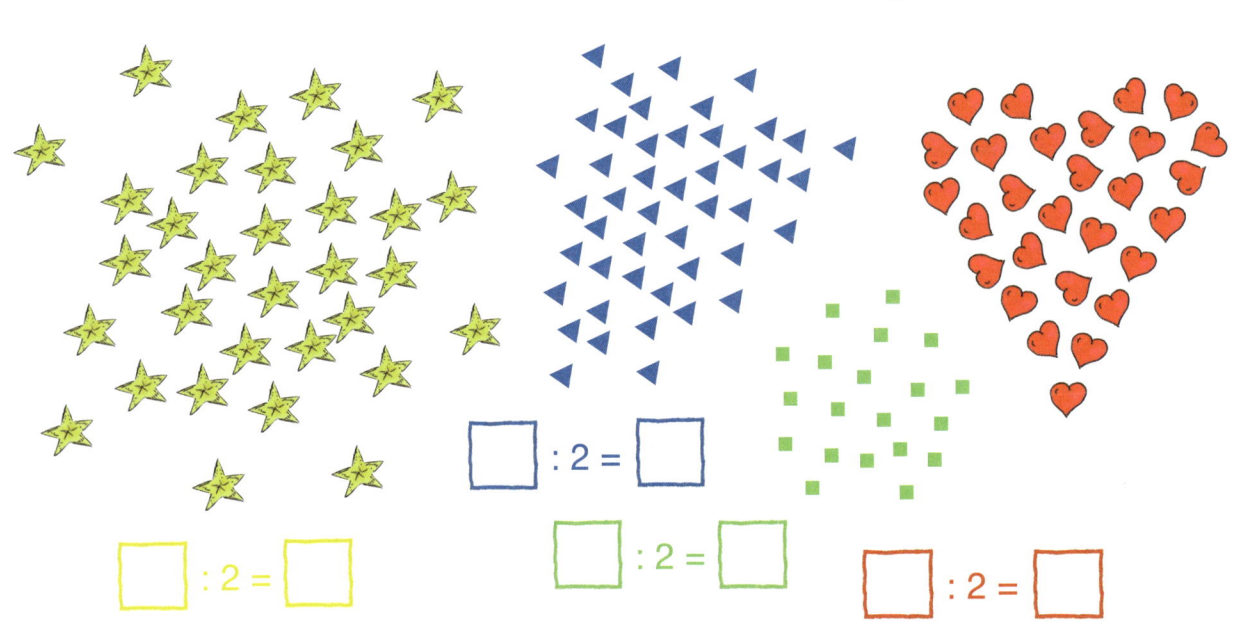

☐ : 2 = ☐

☐ : 2 = ☐

☐ : 2 = ☐

☐ : 2 = ☐

Verdoppeln und Halbieren

Mathematik 2. Klasse

Und weiter geht es mit dem Halbieren.

Hier darfst du mit Pfiff und Molli rechnen.
Rechne immer die Hälfte.

Wenn du alles richtig hast,
sagen dir die Lösungsbuchstaben,
wovon Molli gerne die Hälfte hätte.

das Ganze	die Hälfte
10	K
40	S
60	R
24	L
48	E
100	N
88	T
64	B

das Ganze	die Hälfte
30	A
50	N
70	E
90	E
32	S
54	A
76	I

Schreibe hier zuerst die Lösungen nach der Größe sortiert hin.
Beginne mit der kleinsten Zahl!

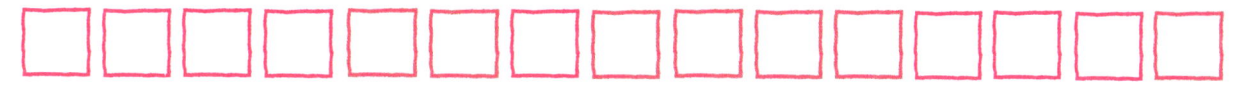

| 5 | 12 | 15 | 16 | 20 | 24 | 25 | 27 | 30 | 32 | 35 | 38 | 44 | 45 | 50 |

Ordne nun die Lösungsbuchstaben zu.
Molli hätte gerne nur die Hälfte aller

__K__ __L__ __A__ __S__ __S__ __E__ __N__ __A__ __R__ __B__ __E__ __I__ __T__ __E__ __N__ .

Mathematik 2. Klasse — **Verdoppeln und Halbieren**

Fidibus ist wieder da!
Pfiff freut sich sehr.

Denn wenn Fidibus kommt,
gibt es wieder etwas zum Knobeln.

Ich denke mir eine Zahl.
Wenn ich sie verdopple, erhalte ich 40.
Wie heißt meine Zahl?

Sie heißt:

Meine Zauberzahl ist ????
Nun, die Hälfte davon ist 25.
Wie heißt die Zauberzahl?

Sie heißt:

Ich suche eine magische Zahl.
Verdoppelt und noch mal verdoppelt erhalte ich 40.
Kennst du die magische Zahl?

Sie heißt:

Verdoppeln und Halbieren

Mathematik 2. Klasse

So ist das also dem mit Verdoppeln und Halbieren.
Hier kannst du nun ein bisschen zeichnen.

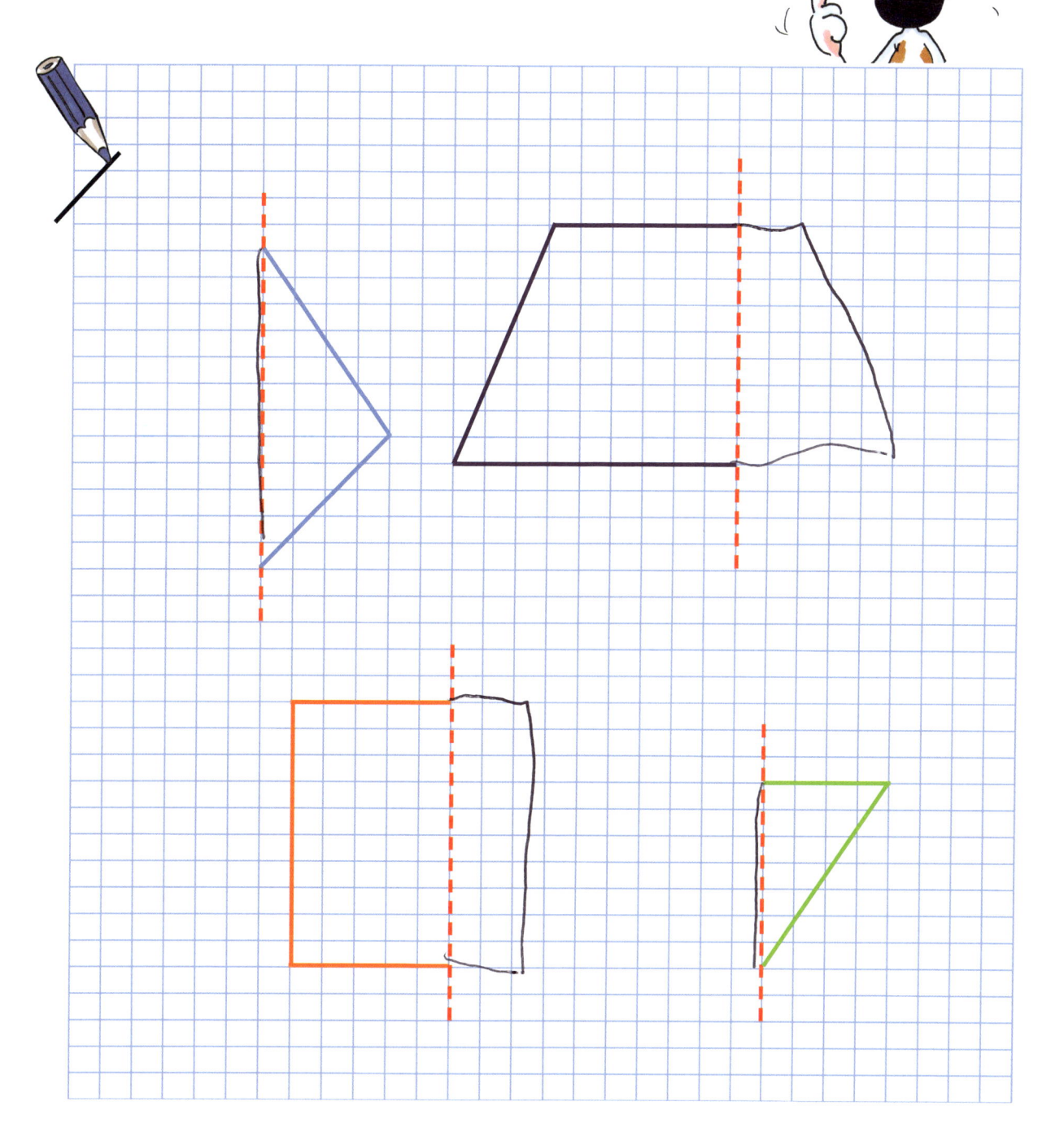

Verdoppelst du die Formen, die Pfiff dir hier gezeichnet hat?

Mathematik 2. Klasse

Rechnen bis 100: Addieren und Subtrahieren

Pfiff schaut sich wieder bei der 2a um.
Sie üben gerade für ihr Sportfest.

8

Gib immer 10 dazu, laufe nicht über die 100!

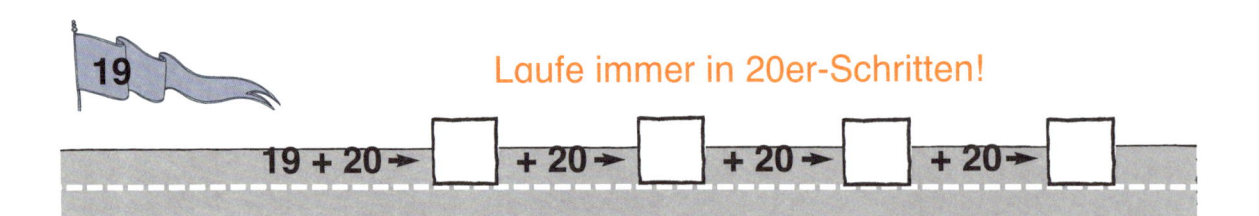

8 + 10 → 18 + 10 → 28 + 10 → 38 + 10 → 48 + 10 → 58

+ 10 → ☐ + 10 → ☐ + 10 → ☐ + 10 → ☐

19

Laufe immer in 20er-Schritten!

19 + 20 → ☐ + 20 → ☐ + 20 → ☐ + 20 → ☐

18

Jetzt geht das Rennen in 30er-Schritten weiter.

18 + 30 → ☐ + 30 → ☐

58

Addieren und Subtrahieren **Mathematik 2. Klasse**

Nun möchte Pfiff einfach noch einige Aufgaben üben.
Er hat sich dazu in den Garten gesetzt.

Die Lösungsbuchstaben sagen dir,
was Pfiff im Garten alles beobachtet hat:

45 + 10 = 55   60 + 21 = 81

25 + 20 = 45   50 + 15 = 65

25 + 40 = 65   30 + 33 = 63

85 + 10 = 95   66 + 20 = 86

5 + 60 = 65   7 + 90 = 97

50 + 23 = 73   13 + 50 = 63

30 + 14 = 44   19 + 80 = 99

44	45	55	63	65	73	81	86	95	97	99
Ä	I	B	R	E	K	F	W	N	U	M

Schreibe die Lösungsbuchstaben auf:

B I E N E , K Ä F E R und W U R M .

Mathematik 2. Klasse | **Addieren und Subtrahieren**

Pfiff hat 35 Muscheln gesammelt.
Molli hat auch ganz viele.

Pfiff möchte gerne 40 Muscheln haben.
Wie viele muss Molli ihm noch geben?

Molli muss ihm noch ☐ geben.

Du hast bis zum Zehner ergänzt.
Was Pfiff außer Muscheln am Strand noch gesehen hat, erfährst du, wenn du die Punkte der Lösungen der Reihe nach verbindest.

48 + __2__ = 50

59 + ____ = 60

13 + ____ = 20

65 + ____ = 70

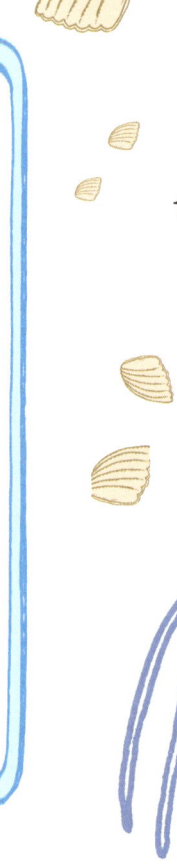

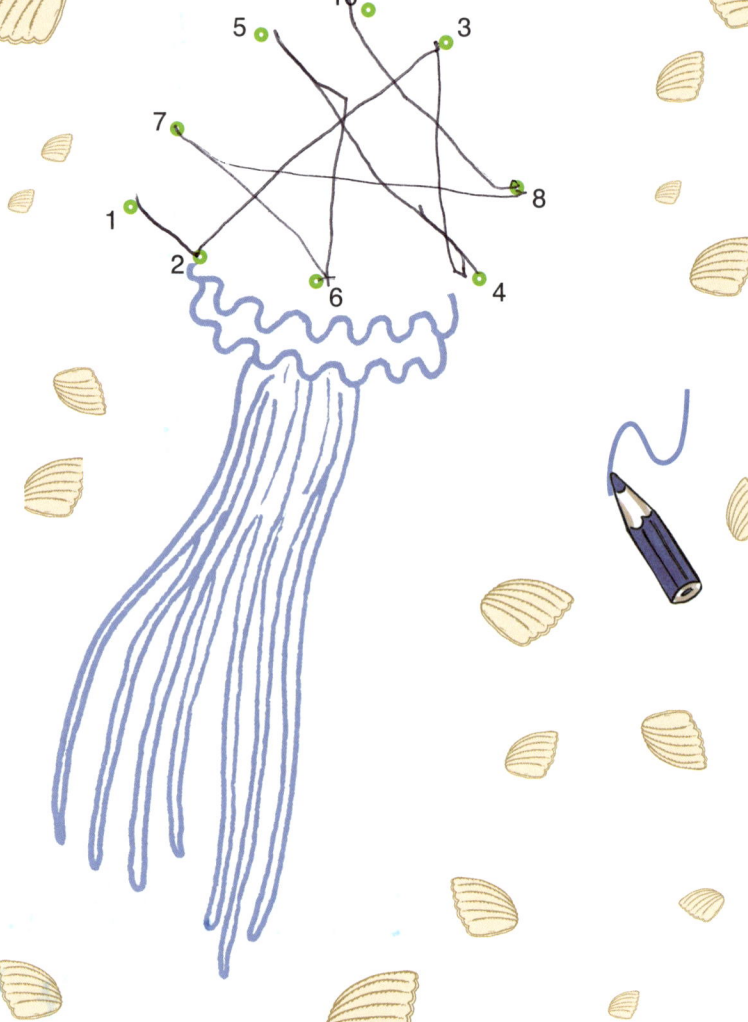

70 + ____ = 80

27 + ____ = 30

62 + ____ = 70

46 + ____ = 50

44 + ____ = 50

Addieren und Subtrahieren Mathematik 2. Klasse

Pfiff und Molli spielen mit Murmeln.

Pfiff hat schon 23 schöne Glasmurmeln.
Dann gewinnt er noch 16.
Wie viele Murmeln hat er jetzt?

Pfiff hat jetzt ☐ Murmeln. Wie hast du gerechnet?

Rechne noch ein paar solcher Aufgaben.
Rechne zuerst schrittweise!

40 + 21 = ____   24 + 63 = ____
+ 20 + 1   + 60 + 3

53 + 34 = ____   66 + 13 = ____
+ 30 + ___   + ___ + ___

72 + 16 = ____   86 + 12 = ____
+ ___ + ___   + ___ + ___

Hier die Lösungen der Aufgaben,
aber durcheinander:
98, 87, 88, 61, 87, 79

61

Mathematik 2. Klasse — **Addieren und Subtrahieren**

Rechnest du mit Pfiff noch etwas weiter?
Pfiff hat jetzt versucht, vom Zehner wegzunehmen.

Er hat 50 Murmeln gehabt.
Jetzt hat er an Kathrin 7 verloren.
Wie viele hat er noch?

Pfiff hat noch ☐ Murmeln.

Pfiffs schönste Murmel kannst du sehen, wenn du die Lösungsfelder anmalst. Mache sie schön **bunt**!

60 – 4 = ____	30 – 1 = ____
100 – 8 = ____	80 – 6 = ____	50 – 3 = ____	20 – 9 = ____
90 – 7 = ____	70 – 5 = ____	40 – 2 = ____	10 – 0 = ____
10 – 1 = ____	20 – 2 = ____	30 – 3 = ____	40 – 4 = ____

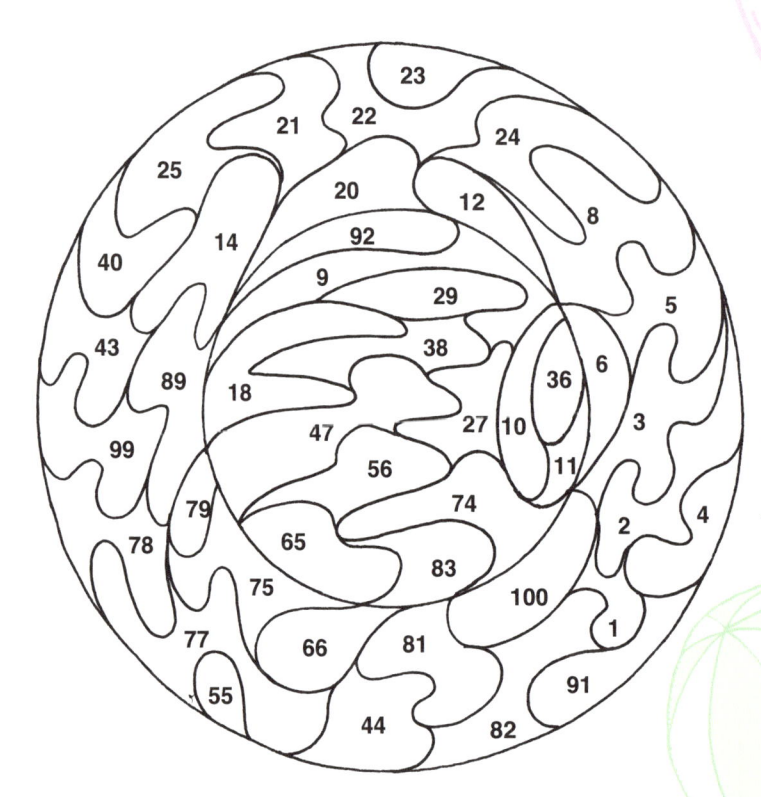

62

Addieren und Subtrahieren — Mathematik 2. Klasse

Pfiff stöhnt schon.
Minusrechnen ist immer schwer.

Findest du das auch oder schaffst du es, die nächsten Reihen vollständig zu machen?

Nimm immer 2 weg!

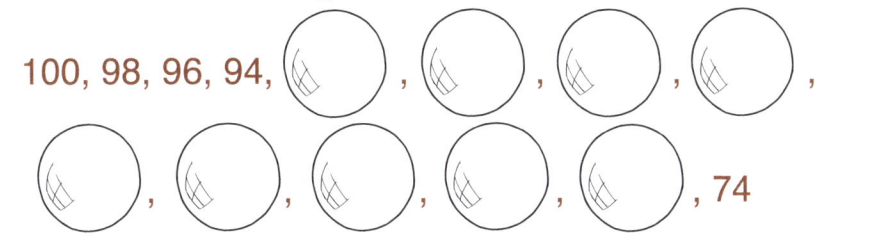

100, 98, 96, 94, ◯, ◯, ◯, ◯, ◯, ◯, ◯, ◯, ◯, 74

Nimm immer 5 weg!

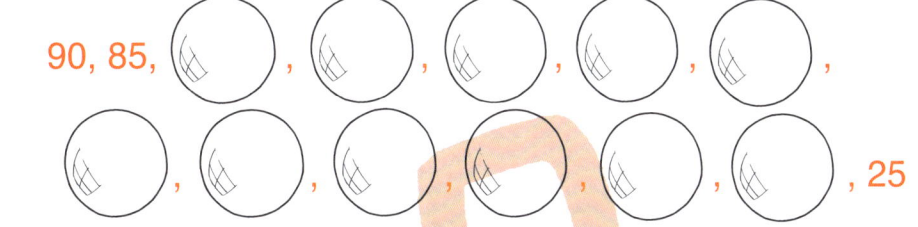

90, 85, ◯, ◯, ◯, ◯, ◯, ◯, ◯, ◯, ◯, ◯, 25

Jetzt ein klein wenig schwerer:

Nimm immer 8 weg!

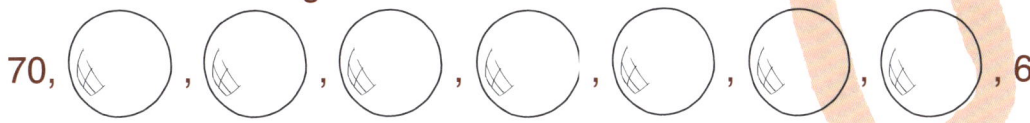

70, ◯, ◯, ◯, ◯, ◯, ◯, ◯, 6

Nimm immer 9 weg!

60, ◯, ◯, ◯, ◯, ◯, ◯, 6

Na, war das schwer?

63

Mathematik 2. Klasse Addieren und Subtrahieren

Es geht über den Zehner.
Na, willst du es probieren?

Jetzt wird es richtig schwer!

Dann erfährst du auch, was Pfiff gleich mit Molli basteln wird.

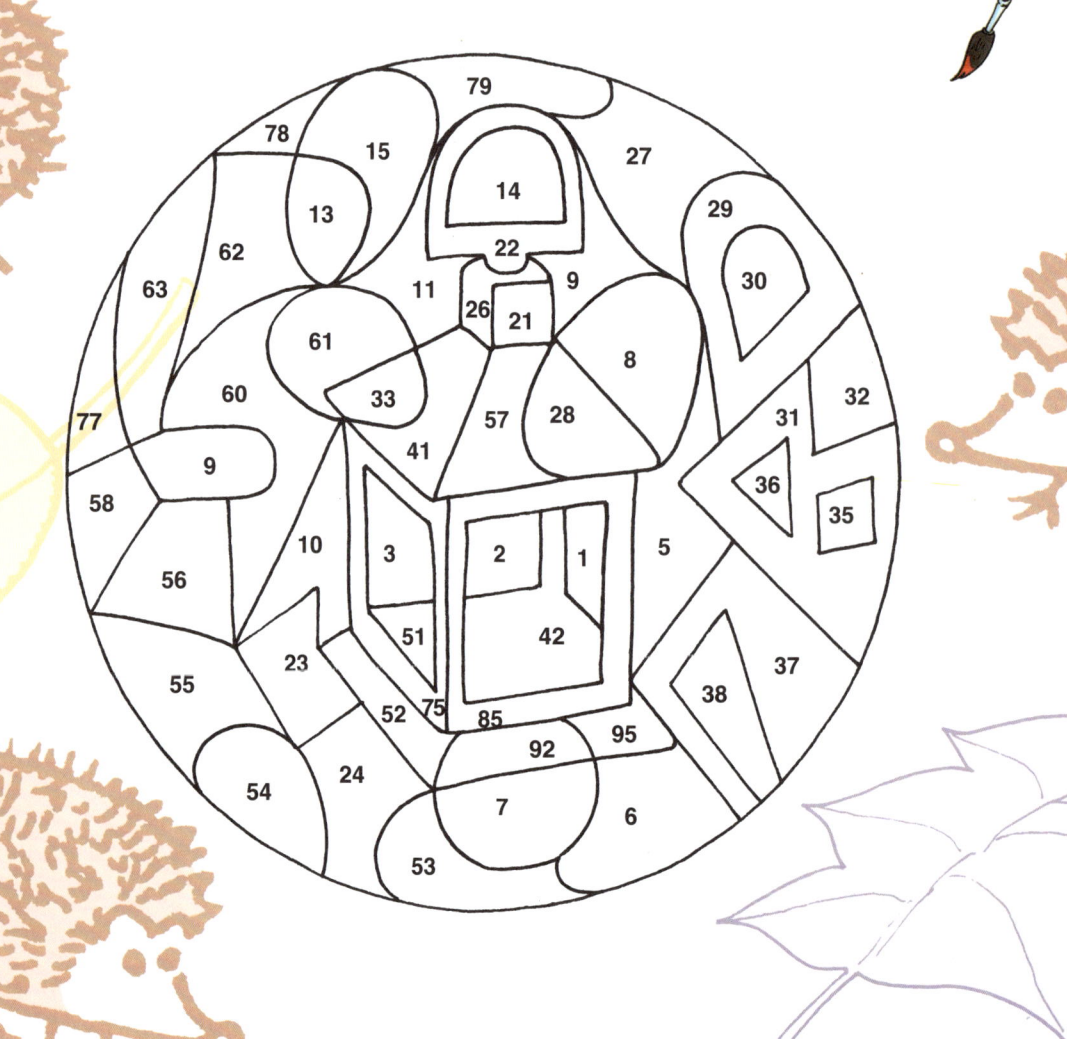

| 27 + 6 = ____ | 88 + 7 = ____ | 38 + 4 = ____ | 21 + 7 = ____ |

| 76 + 9 = ____ | 15 + 7 = ____ | 45 + 7 = ____ |

| 44 + 7 = ____ | 88 + 4 = ____ | 19 + 7 = ____ | 66 + 9 = ____ |

| 34 + 7 = ____ | 13 + 8 = ____ | 50 + 7 = ____ |

64

Addieren und Subtrahieren — Mathematik 2. Klasse

Laternen basteln macht Spaß.
Das machen Molli und Pfiff richtig gerne.
Bald werden sie die Laternen auch brauchen.

Du möchtest sicher wissen wozu.
Löse erst die folgenden Aufgaben,
dann verrät Pfiff es dir.
Aber aufgepasst, die sind richtig schwer!

44 + 12 = ____

79 + 11 = ____

56 + 14 = ____

35 + 18 = ____

34 + 17 = ____

26 + 16 = ____

37 + 13 = ____

49 + 12 = ____

33 + 18 = ____

76 + 15 = ____

45 + 26 = ____

23 + 28 = ____

Hier haben sich die Lösungen versteckt. Kontrolliere selbst.

56, 90, 70, 53, 51, 42, 50, 61, 51, 91, 71, 51

Mathematik 2. Klasse — **Addieren und Subtrahieren**

Wohin Molli und Pfiff ihre Laternen wohl mitnehmen?

Bevor du das erfährst, wird es noch einmal richtig schwierig. Aber du schaffst das schon!

35 + 36 = ____   45 + 27 = ____

72 + 19 = ____   81 + 18 = ____

26 + 38 = ____   59 + 25 = ____

44 + 38 = ____   76 + 17 = ____

17 + 53 = ____   66 + 18 = ____

23 + 18 = ____   18 + 46 = ____

64(R), 70(I), 71(M), 72(S), 82(T), 84(E), 91(A), 93(U), 99(F), 41(N)

Pfiff und Molli gehen mit ihren Laternen zum

☐ ☐ ☐ ☐ ☐ ☐ ☐ ☐ ☐ ☐ ☐ ☐

Addieren und Subtrahieren Mathematik 2. Klasse

Kathrin hat sich etwas ganz Besonderes ausgedacht.

Sie hat Aufgabenkärtchen gemacht.
Pfiff soll suchen, was zusammenpasst.
Findest du die richtigen Antworten?

18 + 18   26 + 26

90   72   66

25 + 25   15 + 15   31 + 31

52   62   56

36 + 36   19 + 19   45 + 45

38   34   36

33 + 33   28 + 28   17 + 17

30   50

Verbinde jeweils Aufgabe und Antwort.

Mathematik 2. Klasse — **Addieren und Subtrahieren**

Pfiff muss Ordnung machen.

Er hat lauter Kärtchen und sucht den richtigen Karton.
In jeden Karton gehören 3 Kärtchen.

40   **50**   **60**   **70**

- 36 + 4
- 32 + 38
- 23 + 37
- 25 + 25
- 22 + 18
- 35 + 35
- 15 + 45
- 48 + 2
- 14 + 46
- 12 + 28
- 15 + 35
- 44 + 26

Möchtest du wissen, ob alles richtig war?
Dann schau doch hinten im Buch nach!

Addieren und Subtrahieren — **Mathematik 2. Klasse**

Jetzt hat Pfiff aufgeräumt.
Das ist auch gut so.
Es ist Besuch im Anmarsch.

Fidibus und Kathrin kommen.

Fidibus hat wieder seine besonderen Rätsel mitgebracht.
Pfiff und Kathrin versuchen, sie zu lösen.

Du hilfst ihnen sicher.

Ich vermehre meine Zahl um 14 und erhalte 30.
Wie heißt meine Zahl?

Sie heißt:

Wenn ich meine Zahl durch 4 teile, erhalte ich 9.
Wie heißt wohl meine Zahl?

Sie heißt:

Nehme ich meine Geheimzahl mit 5 mal, so erhalte ich 35.
Wie heißt die Geheimzahl?

Sie heißt:

Mathematik 2. Klasse **Addieren und Subtrahieren**

Alle sind zufrieden.
So lange haben sie das Plusrechnen geübt.

Aber noch darf Pfiff sich nicht ausruhen.
Jetzt soll er nämlich noch ein bisschen das Minusrechnen üben.

In seiner gut gefüllten Tüte waren **56** Gummibärchen.
Jetzt hat er nur noch **45**.
Wie viele hat er schon gegessen?

Rechnung: 56 − 45 = ☐

Er hat schon ☐ Gummibärchen gegessen.

Kathrin hat dann noch **17** davon gefuttert.
Wie viele hat er jetzt?

Rechnung: ☐ − 17 = ☐

Pfiff hat jetzt nur noch ☐ Gummibärchen.

Davon hat sich Molli bedient. Sie hat die Hälfte aufgegessen.
Wie viele Gummibärchen bleiben jetzt noch für Pfiff übrig?

Rechnung: ☐ : 2 = ☐

Für Pfiff bleiben noch ☐ Gummibärchen übrig.

Addieren und Subtrahieren Mathematik 2. Klasse

Pfiff ist beim Bäcker.
Viele Leute sind vor ihm an der Reihe.
Er muss lange warten und schaut sich um.

Im Korb sind 50 Brötchen.
 Eine Frau kauft 7.
Ein junger Mann kauft 12.
 Ein Mädchen kauft 10 Brötchen.
 Dann kauft eine ältere Dame 15 Brötchen.

Bleiben noch ... Brötchen für Pfiff übrig?

Schreibe hier die Kettenaufgabe:

50 – 7 =

___ – ___ = ___

___ – ___ = ___

___ – ___ = ___

Hier kannst du deine Antwort hinschreiben:

_____

Im Lösungsteil kannst du sehen, ob Pfiff noch Brötchen bekommt.

Mathematik 2. Klasse

Sachaufgaben

Pfiff hat wieder die Schule und die Klasse 2a besucht.
Da ist heute etwas ganz Besonderes los.
Ein Flohmarkt!

4 € – 3 Stück 10 €

jedes 1 €

jede 12 €

1 Paar 3 €
3 Paar 7 €

jedes Teil 2 €

Da gibt es vielleicht viel zu kaufen!
Pfiff, Molli und Kathrin schauen sich um.

72

Sachaufgaben　　　　　　　　　　　　　　　　　　　**Mathematik 2. Klasse**

Kannst du die Sachaufgaben lösen?

1. Pfiff hat sich **7** verschiedene Spielzeuge ausgesucht. **1** T-Shirt hat ihm auch gut gefallen. **10 €** hat er eingesteckt.
   Muss er sich von Molli noch etwas leihen?

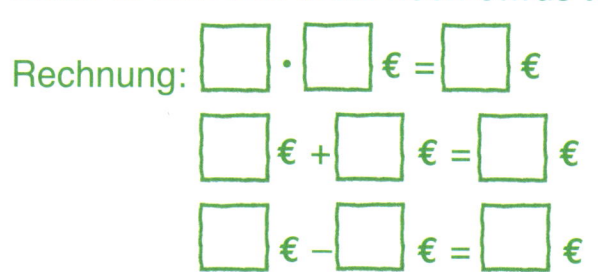

   Rechnung: ☐ · ☐ € = ☐ €

   ☐ € + ☐ € = ☐ €

   ☐ € – ☐ € = ☐ €

   Antwort: _____

2. Molli möchte sich **3** Bücher kaufen. Aber sie findet auch die bunten Socken schön. Davon möchte sie gleich **3** Paar haben.
   Was muss sie bezahlen?

   Rechnung: ☐ · ☐ € = ☐ €; ☐ · ☐ € = ☐ €; ☐ € + ☐ € = ☐ €

   Antwort: _____

3. Kathrin hat sich endlich entschieden. Sie kauft gleich **4** Bücher, dazu noch **1** T-Shirt und **1** Paar Socken. **1** kleines Spielzeug möchte sie auch noch mitnehmen. Sie hat **15 €** in ihrem Brustbeutel.

   Frage: _____

   Rechnung: ☐ · ☐ € = ☐ €; ☐ € + ☐ € = ☐ €;

   ☐ € + ☐ € = ☐ €; ☐ € + ☐ € = ☐ €; ☐ € – ☐ € = ☐ €;

   Antwort: _____

Mathematik 2. Klasse — **Sachaufgaben**

Am Tag nach dem Flohmarkt macht die ganze Schule einen Ausflug. Pfiff darf mit der 2a natürlich wieder mit.

Die Klassen 2a und 2b fahren zusammen zu einer Burg. Sie haben viel Geld in ihrer Klassenkasse gespart. Aber es reicht nicht ganz.

1. Frau Gerber, die Lehrerin, muss noch von jedem Kind **2 €** einsammeln.
   Die 2a hat mit Pfiff **22** Schüler, die 2b nur **18**.
   Wie viel Geld sammelt Frau Gerber ein?

   Rechnung: ☐ · ☐ € = ☐ €
   ☐ · ☐ € = ☐ €
   ☐ € + ☐ € = ☐ €

   Antwort: Sie sammelt ☐ € ein.

2. Den Eintritt für die Burg zahlen die Lehrerinnen aus der Klassenkasse. Er kostet pro Kind **1 €**. Dazu kaufen sie noch ein Buch über Burgen für die Klassenbücherei für **17 €**.
   Wie viel müssen sie bezahlen?

   Rechnung: ☐ + ☐ = ☐ ; ☐ · ☐ € = ☐ € ; ☐ € + ☐ € = ☐ €

   Antwort: _____

   Ob du alle Preise richtig ausgerechnet hast, kannst du hinten im Buch nachschauen.

Sachaufgaben Mathematik 2. Klasse

Hier kannst du deine Rechenkünste gleich weiter beweisen.

3. Alle Kinder steigen in den Bus ein.
   Pfiff, Basti, Tom, Marie-Claire und Tobias haben sich verspätet.
   Wie viele Kinder sitzen schon im Bus?

   Rechnung: ☐ + ☐ = ☐ ; ☐ − ☐ = ☐

   Antwort: Es sitzen ☐ Kinder im Bus.

4. Am Ende der Busfahrt lässt Frau Gerber eine Dose herumgehen. Jeder soll einen kleinen Geldbetrag geben, weil der Busfahrer sie so gut gefahren hat. **10** Kinder geben **50 Cent**, **15** Kinder **1 €**, **10** Kinder geben **20 Cent** und **5** Kinder **10 Cent**.
   Die Lehrerinnen geben zusammen **6 €**.
   Kannst du ausrechnen, über wie viel Geld sich der Busfahrer freut?

   Rechnung: ☐ · ☐ Cent = ☐ € ; ☐ · ☐ € = ☐ € ;

   ☐ · ☐ Cent = ☐ € ; ☐ · ☐ Cent = ☐ Cent

   ☐ € + ☐ € + ☐ € + ☐ € + ☐ Cent = ☐ € ☐ Cent

   Antwort: In der Dose sind ☐ € ☐ Cent.

Rechenvorteile und Wiederholung

Kathrin ist zu Besuch gekommen.
Wir wissen ja schon, wie gerne sie Bücher liest.
25 + 19 = ?
Pfiff meint: „19 ... das ist doch fast 20."

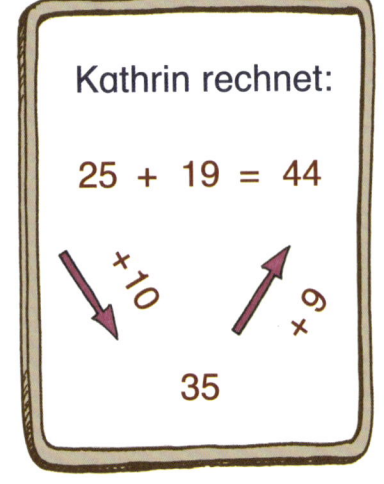

Gestern habe ich 25 Seiten gelesen, heute 19.

Kathrin rechnet:

25 + 19 = 44

+10   +9

35

Pfiff rechnet:

25 + 20 = 45
45 − 1 = 44

Das ist doch „pfiffiger", oder?

Nutze auch bei den folgenden Aufgaben die Rechenvorteile!
Wer knackt die Nuss?

13 + 29 = ____   56 + 29 = ____
67 + 19 = ____   12 + 49 = ____
34 + 49 = ____   23 + 69 = ____
16 + 59 = ____   33 + 19 = ____

Rechenvorteile und Wiederholung

Mathematik 2. Klasse

Das hat ja richtig Spaß gemacht, findet Pfiff.
So war das kinderleicht.
Jetzt hat aber Kathrin eine Frage.

Geht das beim Minusrechnen auch?

Pfiff macht es ihr vor.

Kathrins Buch hat 82 Seiten. Sie hat schon 29 gelesen (29 ist ja fast 30).

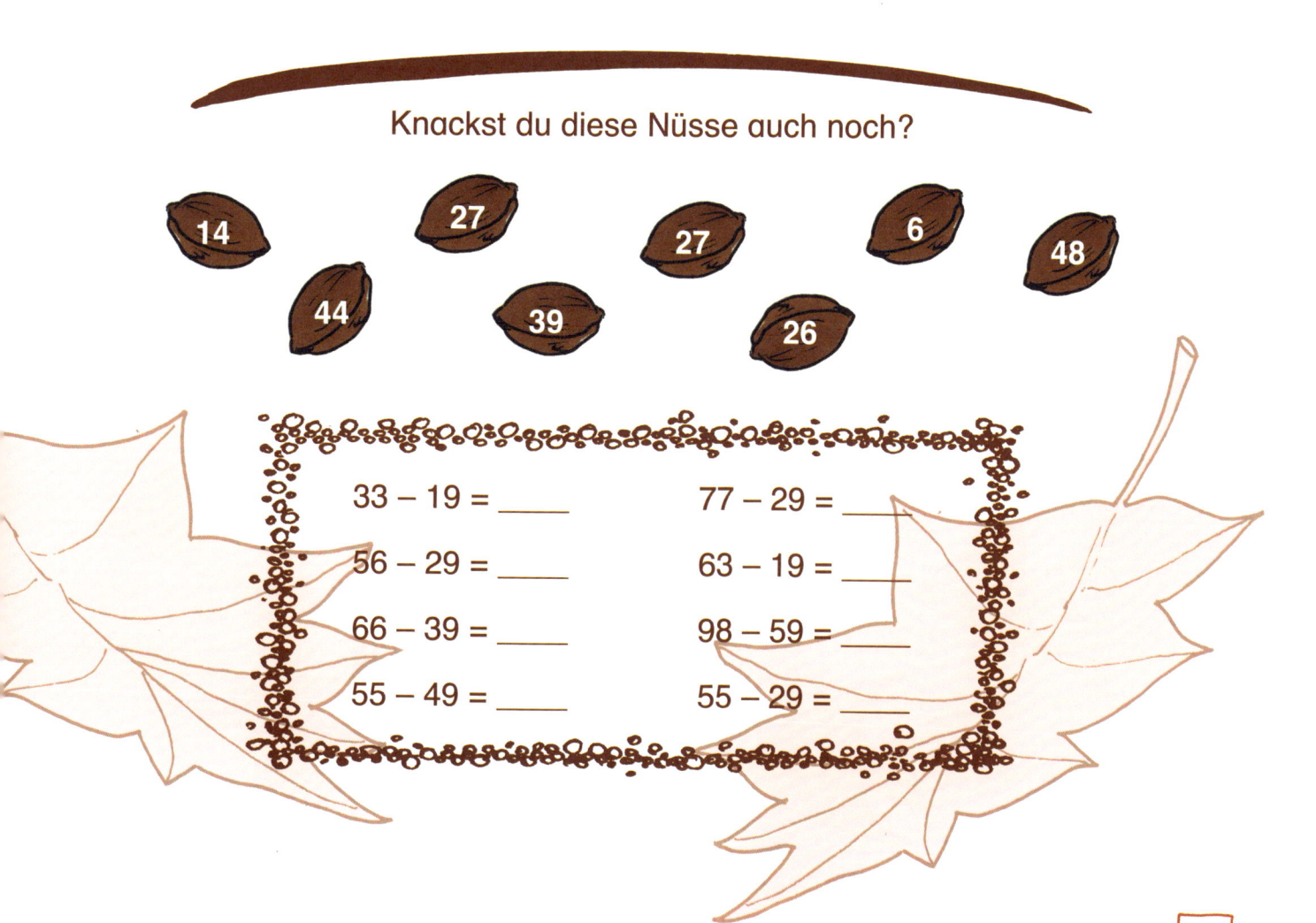

Knackst du diese Nüsse auch noch?

14   27   27   6   48
  44   39   26

33 – 19 = ____   77 – 29 = ____

56 – 29 = ____   63 – 19 = ____

66 – 39 = ____   98 – 59 = ____

55 – 49 = ____   55 – 29 = ____

Mathematik 2. Klasse — Rechenvorteile und Wiederholung

Hier kannst du noch einmal sehen, was du alles gelernt hast.
Pfiff natürlich auch.
Pfiff ist beim Angeln.

8
3
48
45
58
40
37

6 · 8
48 : 6
5 · 9
67 − 27
27 : 9
45 + 13
56 − 19

Rechenvorteile und Wiederholung — Mathematik 2. Klasse

Noch einmal möchte Pfiff alle Rechenarten wiederholen.
Möchtest du dich auch testen? Dann mache doch einfach mit.

Bilde immer 2 Aufgaben und löse sie.

+ 27   44   55

51   18   68

Hier die Ergebnisse, aber durcheinander:

82, 33, 50, 71

Auf der nächsten Seite geht es ums Malnehmen und Teilen.

Mathematik 2. Klasse — Rechenvorteile und Wiederholung

Pfiff rechnet weiter. Er möchte schließlich richtig gut werden.
Das schafft er spielend!

Rechne **4** Aufgaben!

☐ : ☐ = ☐
☐ : ☐ = ☐
☐ : ☐ = ☐
☐ : ☐ = ☐

Rechne **3** Aufgaben!

☐ · ☐ = ☐
☐ · ☐ = ☐
☐ · ☐ = ☐

Rechenvorteile und Wiederholung — Mathematik 2. Klasse

Pfiff und Molli wollen sich gegenseitig übertreffen.

Der Kirchturm ist 48 m hoch.

Das Haus unserer Nachbarn ist 35 m hoch.

Rechnest du den Unterschied aus? ☐ m - ☐ m = ☐ m

Der Kirchturm ist ☐ m höher.

Der Schulhof der Grundschule ist 56 m lang.

Der Sportplatz ist aber 100 m lang!

Rechnest du noch einmal den Unterschied aus? ☐ m – ☐ m = ☐ m

Der Sportplatz ist ☐ m länger.

Mathematik 2. Klasse — **Rechenvorteile und Wiederholung**

Die Freunde sind alle wieder beisammen.
Jeder hat etwas für dich mitgebracht.

Tom ist der Erste.

Wie geht die Zahlenreihe weiter?
Kennst du die nächsten 3 Zahlen?

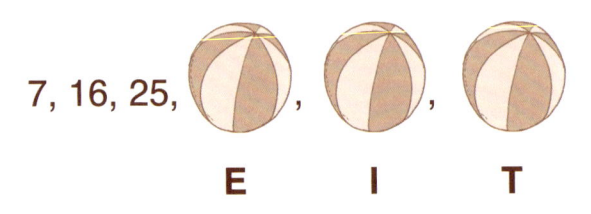

7, 16, 25, ⬤, ⬤, ⬤
          E   I   T

H

Jetzt kommt **Kathrin**:

Meine Zahl ist der 7. Teil von 77.
Wie heißt meine Zahl?

Pfiff hat auch eine Zahlenreihe für dich:

Wie heißen die nächsten drei Zahlen?

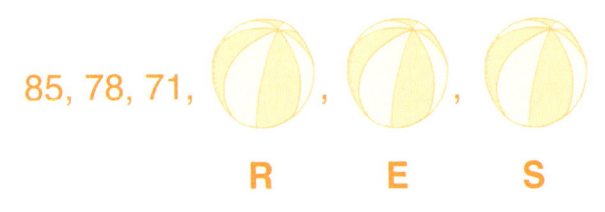

85, 78, 71, ⬤, ⬤, ⬤
           R   E   S

Auf der nächsten Seite kommen noch Fidibus und Molli dran.

82

Rechenvorteile und Wiederholung Mathematik 2. Klasse

Molli möchte wissen, ob du ihre Geheimzahl errätst.

C

Das Dreifache meiner Zahl und davon dann das Doppelte ist 60. Wie heißt meine Zahl?

Fidibus hat noch ein Zauberquadrat für dich.

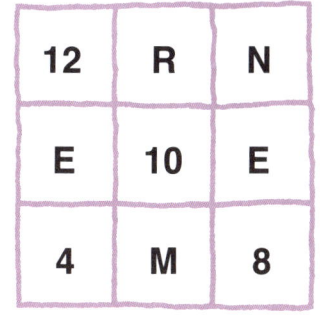

12	R	N
E	10	E
4	M	8

Jetzt sortiere alle Ergebnisse der 5 Rätsel nach der Größe. Beginne mit der kleinsten Zahl!

_____

_____

Hier kannst du die Lösungsbuchstaben eintragen. Du bist ein wahrer

☐☐☐☐☐☐☐☐☐☐☐☐☐ !

Deutsch 2. Klasse

Allerlei zum ABC

**Oje, was für ein Durcheinander!
Hilfst du Pfiff, die Buchstaben nach
dem ABC zu ordnen?**

Allerlei zum ABC Deutsch 2. Klasse

Kannst du auch ein ABC aus kleinen Buchstaben schreiben?

Pfiff hat alle Buchstaben dazu auf der Wiese versteckt!

t a q f i d z v
g j n r s k e
h l y o x u p m
w b c

Toll gemacht!

Pfiff ist krank und liegt im Bett.

Er dichtet dort für dich. Doch der Zauberer Fidibus hat einfach ein paar Buchstaben weggezaubert!

Kannst du Pfiff helfen, sie zu finden?

A, B, _C_ und D – heute tut der Hals mir _W_ _E_ _H_.

E, _F_, G und H – der Doktor war schon _D_ _A_.

I, _J_, K und _L_ – die Medizin hilft mir ganz sch_N_ _E_ _ _ _.

M, __, O und __ – dazu gibt es heißen T__ __.

Q, __, __, T, __ – und im Bett noch etwas R __ __.

V, __, X, __ und __ – bin wieder fit und das ist n __ __ __.

Allerlei zum ABC — Deutsch 2. Klasse

Pfiff hat mit den ABC-Bällen gespielt.

Jetzt ist alles durcheinander.

Hilfst du Pfiff, sie in die richtige Reihenfolge zu bringen?

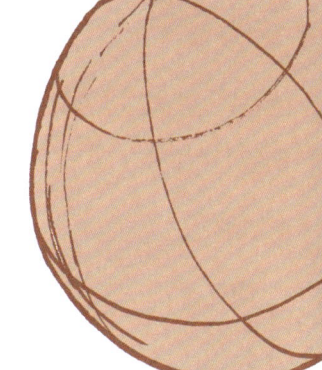

D₁ U₂ B₃ I₄ S₅ T₆ G₇

Ob du das ABC richtig kannst, sagt dir das Lösungswort.

Trage die Buchstaben, die an den Bällen mit Zahl stehen, hier ein!

__ __ __ __ __ __ __ __ __ !
1 2 3 4 5 6 7 2 6

87

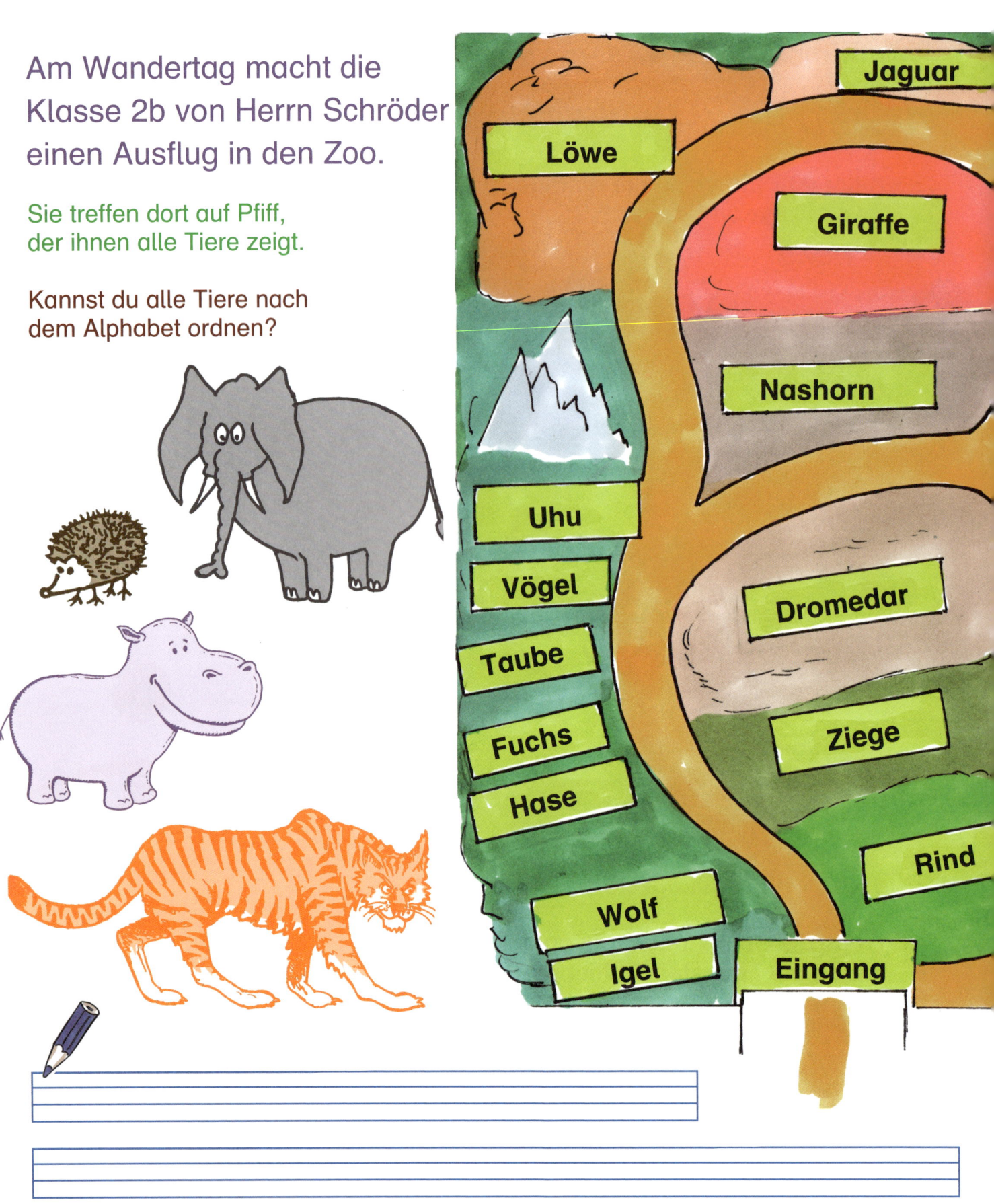

Deutsch 2. Klasse — **Allerlei zum ABC**

Am Wandertag macht die Klasse 2b von Herrn Schröder einen Ausflug in den Zoo.

Sie treffen dort auf Pfiff, der ihnen alle Tiere zeigt.

Kannst du alle Tiere nach dem Alphabet ordnen?

Tiere im Zoo: Jaguar, Löwe, Giraffe, Nashorn, Uhu, Vögel, Dromedar, Taube, Fuchs, Ziege, Hase, Rind, Wolf, Igel, Eingang

Allerlei zum ABC — Deutsch 2. Klasse

- Bär
- Elefant
- Affe
- Schimpanse
- Otter
- Känguru
- Chinchilla

Deutsch 2. Klasse **Allerlei zum ABC**

Pfiff hat mit dem Schwamm die Anfangsbuchstaben weggewischt! Kannst du die Wörter wieder ergänzen?

Im Lösungssatz erfährst du, wo Pfiff im Sommer gerne plantscht!

- chule
- lown
- imbeere
- urst
- gel
- alstifte
- onat
- ett
- pfelsine
- ackel
- ädchen
- sel
- nte
- egen

Pfiff plantscht gerne im __ __ __ __ __ __ __ __ __ oder im __ __ __.

Allerlei zum ABC — Deutsch 2. Klasse

Pfiff stellt dir ein paar knifflige Aufgaben. Kannst du sie lösen?

Schreibe die Buchstaben von F bis R!

Zur Kontrolle: Es sind 20 – 8 + 1 = ___ Buchstaben.

Schreibe die Buchstaben von C bis P!

Zur Kontrolle: Es sind 30 – 25 + 9 = ___ Buchstaben.

Deutsch 2. Klasse   **Allerlei zum ABC**

Der Zauberer Fidibus verzaubert die Wörter!

**Pfiff soll sie lesen und aufschreiben.
Kannst du ihm helfen?
Schreibe die neuen Begriffe mit
Begleitern in die Linien!**

Aus a wird i: **Satz, Tante, an, am**

der Sitz, die Tinte, in, im

Aus o wird i: **Wort, doch, Block**

Aus a wird e: **fast, Fall, danken, Dackel**

Aus i wird e: **sitzen, wir, dir**

Aus a wird u: **Hand, Nadel, Schale**

Aus u wird a: **Buch, Puppe, Huhn, Bund**

Aus u wird o: **Mund, Uhr, Brut**

Allerlei zum ABC — Deutsch 2. Klasse

Der Zauberer Fidibus hat es dir vorgemacht.

**Jetzt versuch auch du, zu zaubern!
Deine Zauberformel lautet:**

„Selbstlaut bleibt Selbstlaut
und Mitlaut bleibt Mitlaut!"

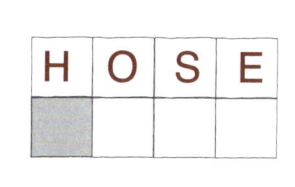

H	U	N	D

H	O	S	E

G	O	L	D

T	U	C	H

E	I	F	E	R

H	E	R	R

W	E	L	L	E

Deutsch 2. Klasse　　　　　　　　　　　　　　　　　　　　**Allerlei zum ABC**

Pfiff hat Sätze gebildet.

Doch ist da nicht etwas durcheinander? Schreibe immer den richtigen Satz darunter.

Molli spielt mit der Hupe.

_____

Das Auto hat eine Puppe.

_____

Die Sahne scheint am Himmel.

_____

Mama hat Sonne für den Kuchen geschlagen.

_____

Der Fluss gehört in den Schuh.

_____

94

Allerlei zum ABC Deutsch 2. Klasse

Der Fuß fließt ins Meer.

Die Kasse knabbert Möhren.

Der Hase steht im Geschäft.

Die Vögel bauen eine Nase.

Mit dem Nest kann ich riechen.

Hast du alle Sätze verbessert?
Klasse, weiter so!

Deutsch 2. Klasse

Wortarten: Namenwörter

**Jeder Mensch hat einen Namen!
Auch Tiere und Dinge tragen Namen.
Diese Namen nennen wir Namenwörter.**

Du schreibst sie groß!

Finde alle Namenwörter im Park und kreise sie ein!

Lösung:
Kinder, Bäume, Blumen, Mutter, Kinderwagen, Ente, Hunde, Roller, Ball, Rutschbahn, Schaukel, Fahrrad, Pfiff

Wortarten: Namenwörter Deutsch 2. Klasse

Pfiff hat eine ganze Menge Wörter aufgelistet!

Kreise alle Namenwörter rot ein!

Pfiff möchte außerdem, dass du
alle Namenwörter, die du mit der
Schule verbindest, grün unterstreichst!

Molli	schwimmen	Schule	tanzen	im	und
niedlich	Auto	Fahrrad	Blume	lesen	böse
Buch	Schrank	hören	schreiben	rechnen	Tisch
Teller	Tafel	hüpfen	Pfiff	Fidibus	Fernseher
lesen	Schreibtisch	Füller			

Schreibe jetzt noch einmal alle
Namenwörter der Reihe nach auf!

Denke daran, man schreibt sie groß!

Deutsch 2. Klasse **Wortarten: Namenwörter**

Jedes Namenwort hat einen Begleiter.

Man unterscheidet unbestimmte und bestimmte Begleiter.

Unbestimmte Begleiter sind **ein/eine**, bestimmte Begleiter sind **der/die/das.**

Kannst du zu jedem Namenwort den passenden Begleiter finden?

Übe zuerst die unbestimmten Begleiter. Verbinde jedes Namenwort mit dem passenden Begleiter!

ein   eine

Vase   Tisch   Blume   Teller   Stuhl   Messer   Gabel   Topf   Pfanne   Glas   Tasse

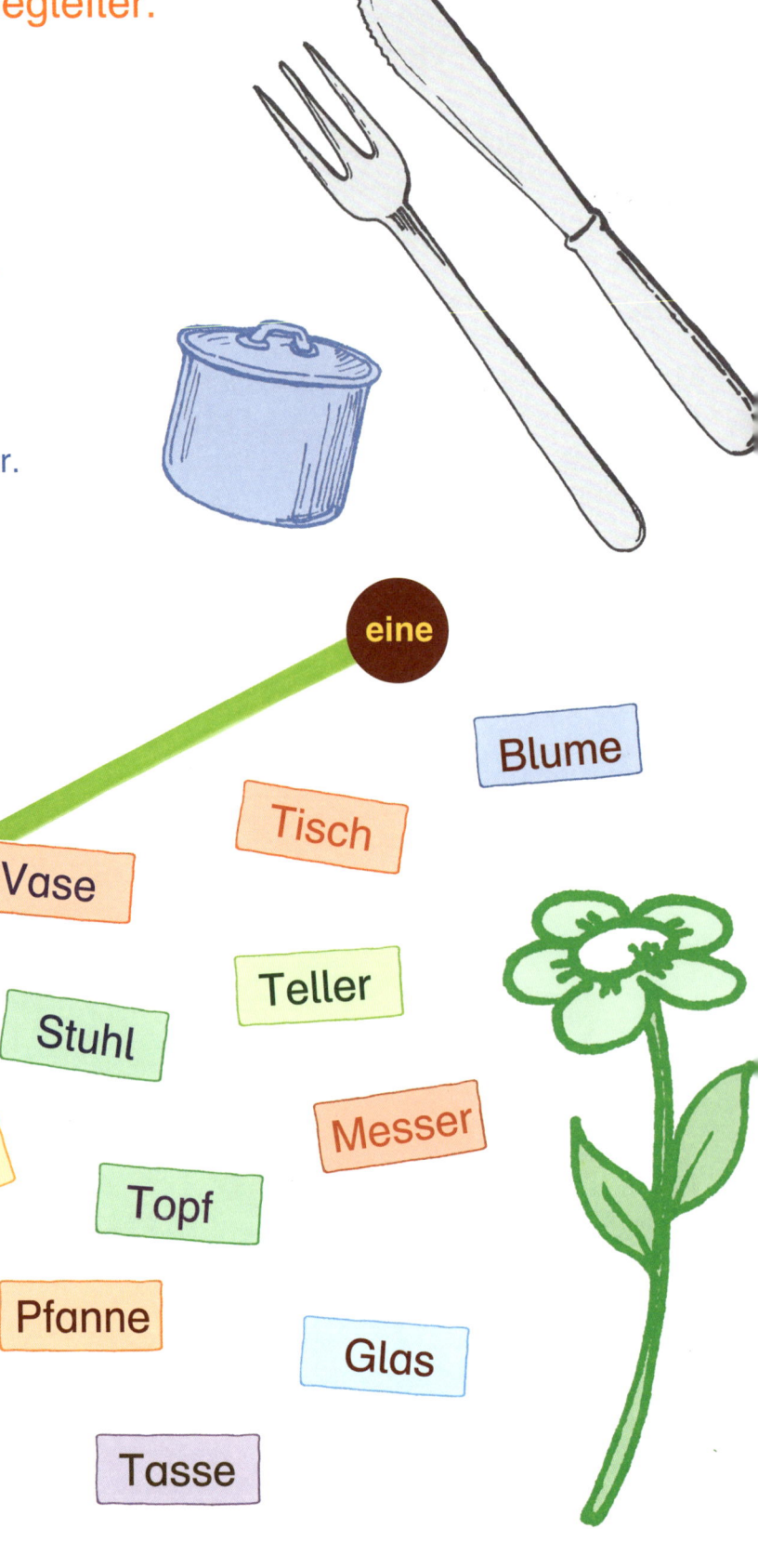

Wortarten: Namenwörter   Deutsch 2. Klasse

Schreibe nun die Wortpaare von der vorigen Seite in folgende Tabelle:

Begleiter	Namenwörter
eine	Vase
ein	Messer

Deutsch 2. Klasse Wortarten: Namenwörter

Weiter geht es mit den bestimmten Begleitern!

Pfiff hat verschiedene Tiere im Sachkundebuch gesehen! Weißt du, welcher Begleiter zu den einzelnen Tieren gehört?

Ergänze die Sätze!

D____ Hund bellt den Briefträger an.

D____ Ente schwimmt im Teich im Stadtpark.

D____ Pferd steht auf der Weide.

D____ Maus isst gerne Käse.

D____ Elefant spritzt mit seinem Rüssel das Wasser umher.

D____ Katze hat samtweiche Pfoten.

D____ Hahn und d____ Huhn leben auf dem Bauernhof.

D____ Kaninchen knabbert Möhren.

**Zur Kontrolle:
Du musst jeden Begleiter 3-mal einsetzen!**

Wortarten: Namenwörter   Deutsch 2. Klasse

Pfiff hat drei Kreise gemalt.

Kannst du die Namenwörter richtig zuordnen und in die Kästchen eintragen?

Wolke, Blume, Sonne, Hemd, Kissen, Stuhl, Vogel, Tisch, Muschel, Haus, Glas, Mond

101

Deutsch 2. Klasse | **Wortarten: Namenwörter**

Namenwörter kann man auch zusammensetzen.

Pfiff zeigt dir, wie es geht:

Haus + Tür = Haustür

Versuchst du das auch?

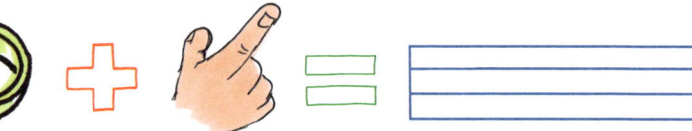

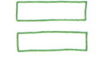

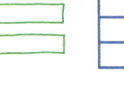

Hat alles geklappt? Weiter so!

102

Wortarten: Namenwörter

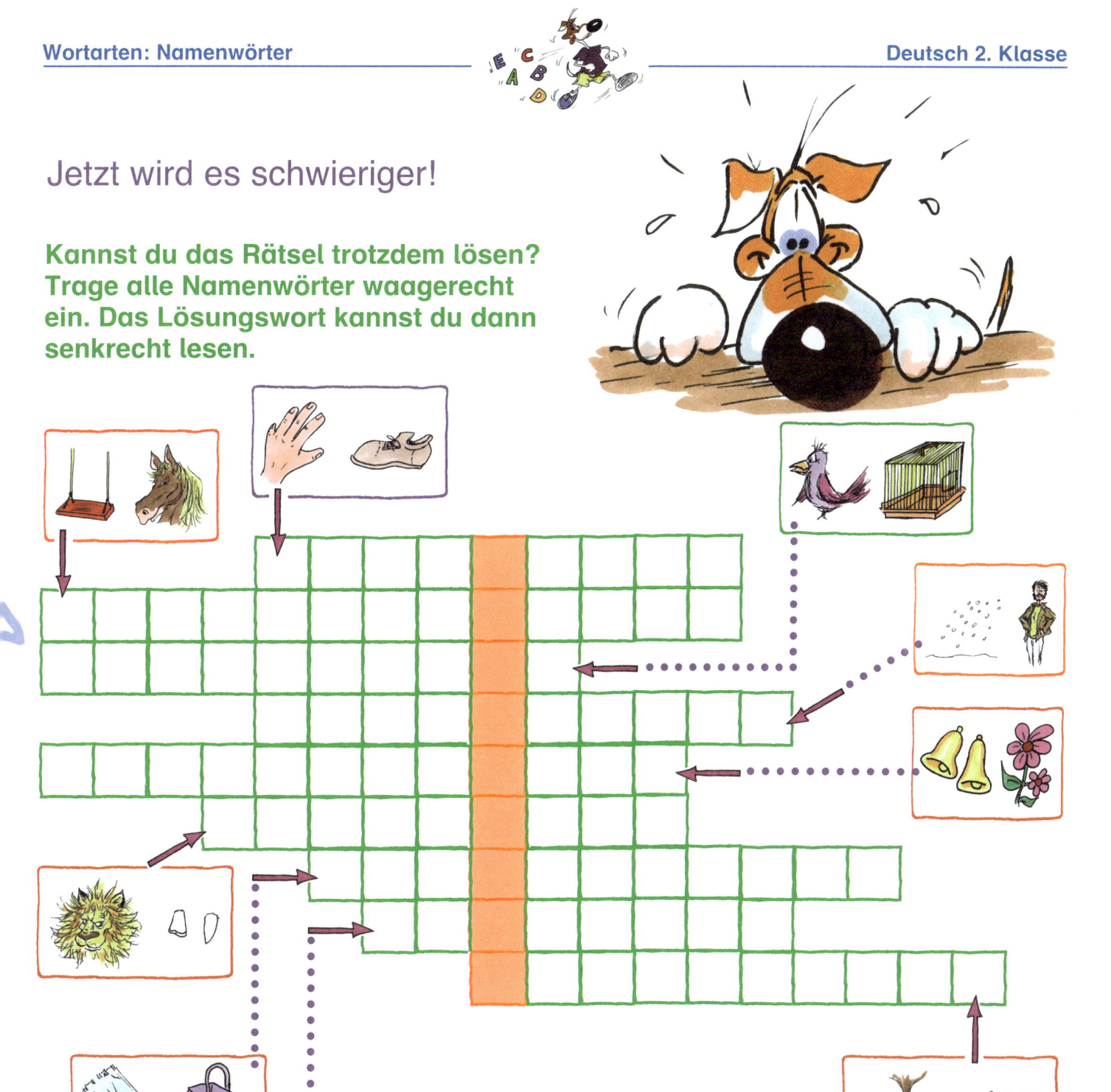

Deutsch 2. Klasse

Jetzt wird es schwieriger!

Kannst du das Rätsel trotzdem lösen? Trage alle Namenwörter waagerecht ein. Das Lösungswort kannst du dann senkrecht lesen.

Als Lösung erhältst du Pfiffs liebstes Geburtstagsgeschenk.

Lösungswort:

Deutsch 2. Klasse — Wortarten: Namenwörter

Pfiff und Kathrin haben Namenwörter zusammengesetzt.

Aber sind den beiden Freunden da nicht ein paar Fehler passiert? Schreibe die richtigen Wörter unten in die Linien!

Sonnendecke Autohahn Halsblume Hausbuch Schulkanne Bettstern Seetür Wassersitz Teeband

Wortarten: Namenwörter Deutsch 2. Klasse

Namenwörter kann man von der Einzahl in die Mehrzahl setzen.

Finde die Namenwörter in diesem Durcheinander und setze sie in die Mehrzahl.

grün, lernen, stehen, essen, schreiben, im, Stift, Klasse, Pause, basteln, aber, Aufgabe, bei, lesen, Buch, und, Tafel, Lehrer, Heft, rechnen

Einzahl	Mehrzahl
ein Lehrer	zwei Lehrer

Deutsch 2. Klasse — Wortarten: Namenwörter

Hier hat der Zauberer Fidibus die Buchstaben verdreht!

Hilfst du Pfiff, die Buchstaben wieder in die richtige Reihenfolge zu bringen? Setze die Namenwörter außerdem in die Mehrzahl!

Beispiel:
usHa = das Haus, die Häuser

- toAu
- dHun
- leSchu
- chBu
- ftHe
- dKin
- hlStu

106

Wortarten: Namenwörter   Deutsch 2. Klasse

Pfiff feiert Karneval mit seinen Freunden.

Jeder hat sich verkleidet. Doch bei den Namen stimmt etwas nicht!

Kannst du die Namenwörter trotzdem erkennen? Schreibe sie in Einzahl und Mehrzahl auf!

	Einzahl	Mehrzahl
der tariP	der Pirat	die Piraten
der tsiziloP		
die exeH		
der rerebuaZ		
der renaidnI		
die nisseznirP		
der nwolC		

107

Deutsch 2. Klasse — Wortarten: Namenwörter

Pfiff und Molli versuchen sich an Einzahl und Mehrzahl.

Kannst du ihnen helfen?

ein Apfel — drei Äpfel

Wortarten: Tunwörter

Pfiff hat festgestellt, dass man aus vielen Namenwörtern Tunwörter ableiten kann!

Versuche es auch einmal! Denke daran: Namenwörter schreibst du groß, Tunwörter klein!

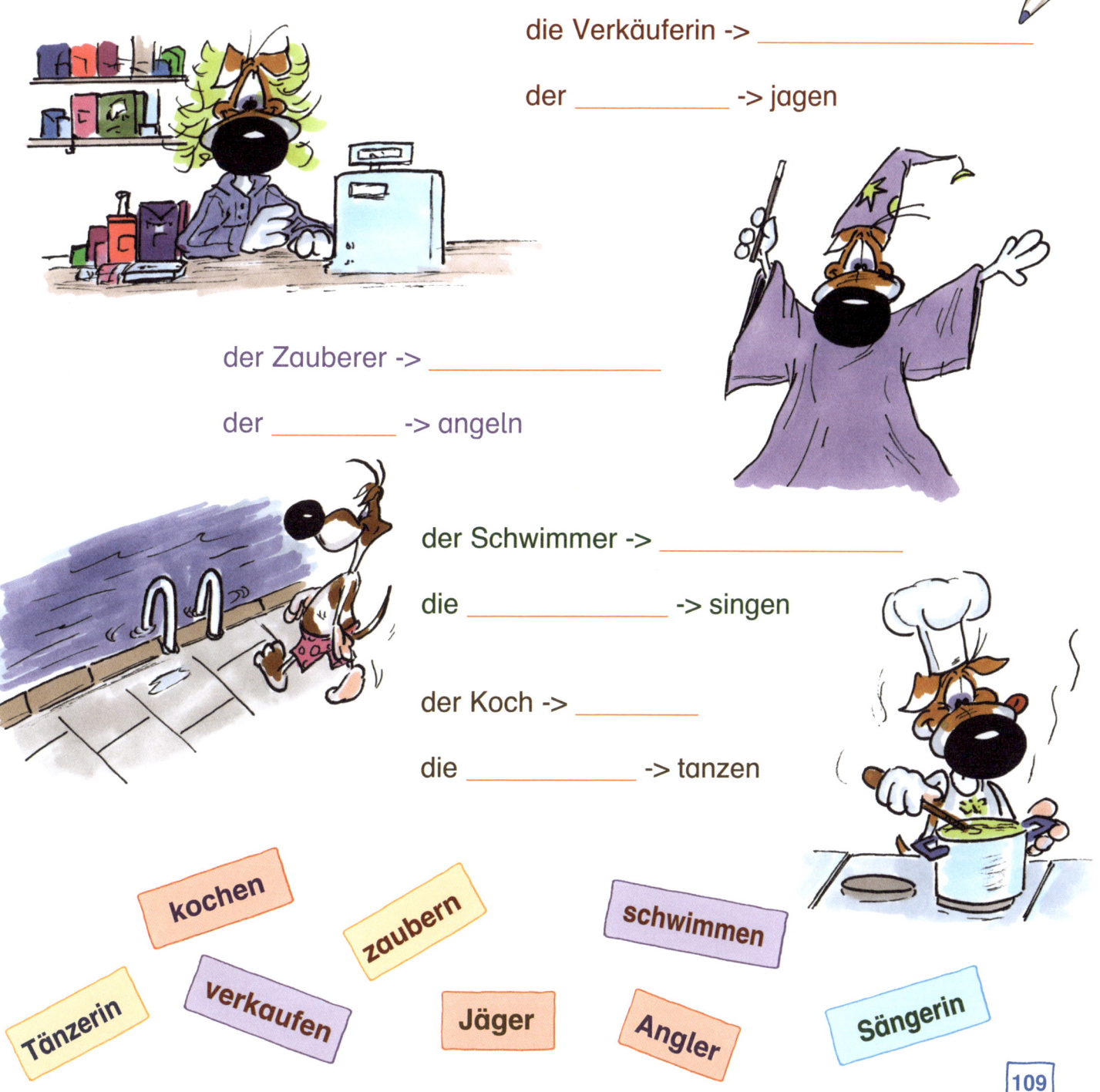

die Verkäuferin -> _____

der _____ -> jagen

der Zauberer -> _____

der _____ -> angeln

der Schwimmer -> _____

die _____ -> singen

der Koch -> _____

die _____ -> tanzen

kochen   zaubern   schwimmen

Tänzerin   verkaufen   Jäger   Angler   Sängerin

Deutsch 2. Klasse — **Wortarten: Tunwörter**

Pfiff besucht mit Molli Maus den Zoo.
Kannst du die Tunwörter den Tieren zuordnen?

Trage das passende Tunwort in die Schilder bei den Tieren ein!

klet — tern

gen — fres

tau

flie

len

fen

brül

chen

schla

sen

Wortarten: Tunwörter
Deutsch 2. Klasse

Der Zauberer Fidibus hat eine knifflige Aufgabe für Pfiff!

Er muss so genau zielen, dass seine Pfeile die Anfangsbuchstaben treffen! Hilfst du ihm dabei?

fahren

Deutsch 2. Klasse — Wortarten: Tunwörter

Pfiff und seine Freunde besuchen Bauer Hendriks Bauernhof.

Dort sehen sie viele Tiere. Versuche, sie zu benennen. Ordne jedem Tier ein Tunwort zu!

- muhen
- Die Kuh
- Der Hahn
- meckern
- Die Ziege
- gackern
- Das Huhn
- Das Schwein
- mümmeln
- Der Hase
- Die Gans
- miauen
- Der Hund
- grunzen
- Die Katze
- schnattern
- krähen
- Das Pferd
- bellen
- wiehern

Auf der nächsten Seite geht es weiter!

Wortarten: Tunwörter　　　　　　　　　　　　　　Deutsch 2. Klasse

Bilde nun die Personalform mit den Fürworten er, sie oder es!

Bilde dann kleine Sätze.
Pfiff zeigt es dir an einem Beispiel:

miauen -> miaut:　**Die Katze miaut.**

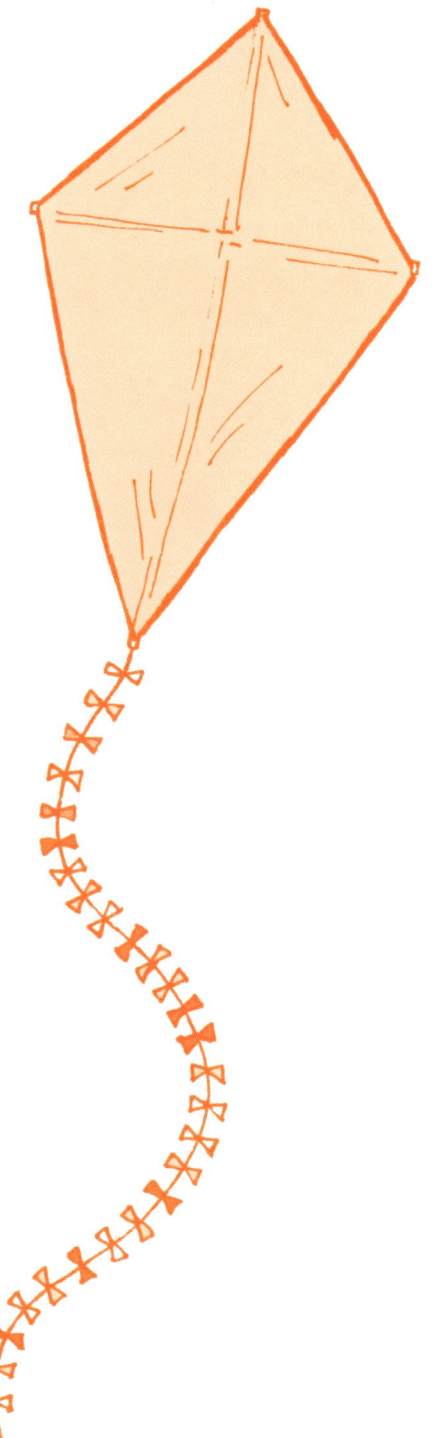

schnattern ->

bellen ->

grunzen ->

gackern ->

muhen ->

mümmeln ->

krähen ->

meckern ->

wiehern ->

113

Deutsch 2. Klasse

Wortarten: Wiewörter

Wörter, die beschreiben, wie Menschen, Tiere, Pflanzen und Dinge sind, nennt man Wiewörter. Man schreibt sie klein.

Findest du alle Farben in diesem Buchstabensalat?

rot gelb rosa lila

grün blau braun orange

F G D S L I L A P G
R O T Z I O P L K E
O U H G H H D K K L
S K F D O I D F J B
A S G R Ü N O G B K
H S I K P H S Ü L U
O R A N G E J S A F
J S L K R B R A U N

Auf der nächsten Seite geht es weiter.

114

Wortarten: Wiewörter

Deutsch 2. Klasse

Hast du alle Farben entdeckt?

**Setze sie in die folgenden Sätze ein,
die Pfiff hier für dich aufgeschrieben hat.**

Die Erdbeere ist _____.

Molli mag Sonnenblumen. Die Blüte ist _____.

Die Sonnenblume hat einen _____ Stängel.

Pfiff liebt Pflaumen, sie sind _____.

Kathrin Katze mag gerne Limonade, sie ist _____.

Die Kuh Emma ist weiß und _____ gefleckt.

Das Ferkelchen ist _____.

Pfiff fährt gerne ans Meer, es schimmert _____.

Hast du auch eine Lieblingsfarbe? Schreibe sie hier auf!

Deutsch 2. Klasse Wortarten: Wiewörter

Pfiff hat eine Aufgabe für dich.

Hier siehst du Wiewörter, die Eigenschaften des Wetters und Eigenschaften von Tieren beschreiben. Schreibe in zwei Spalten.

sonnig   trübe   klug   krank
lieb   zart   zierlich   wachsam
stürmisch   wolkig   kalt   bissig   tre
regnerisch   nebelig

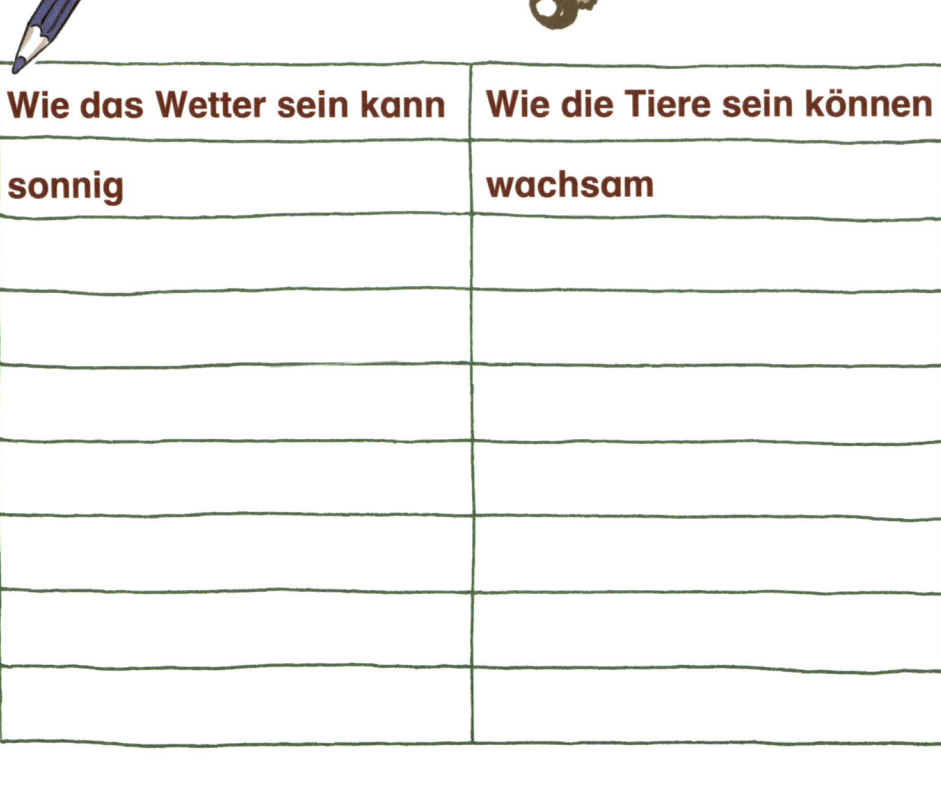

Wie das Wetter sein kann	Wie die Tiere sein können
sonnig	wachsam

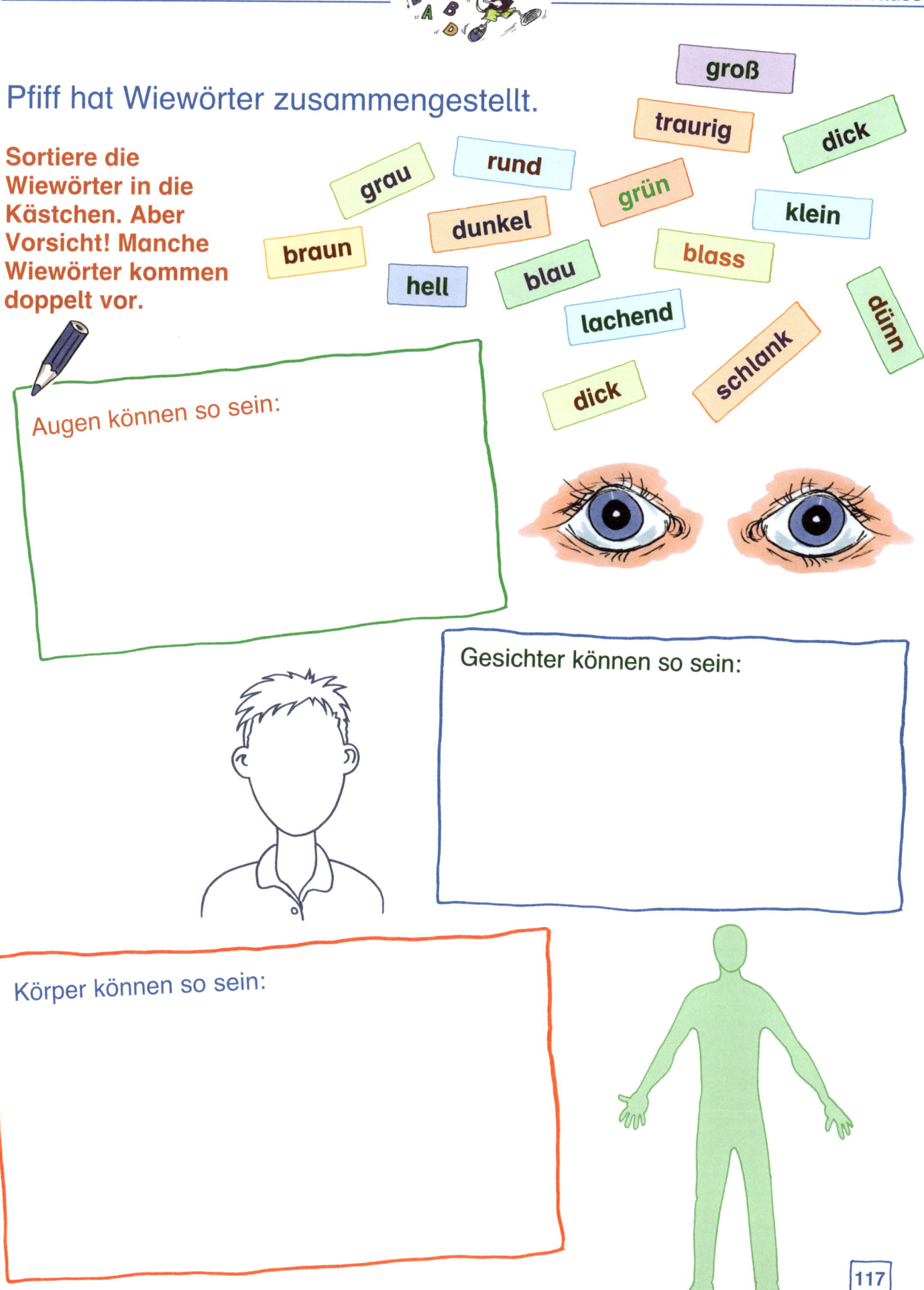

Wortarten: Wiewörter   Deutsch 2. Klasse

Pfiff hat Wiewörter zusammengestellt.

Sortiere die Wiewörter in die Kästchen. Aber Vorsicht! Manche Wiewörter kommen doppelt vor.

groß, traurig, dick, grau, rund, grün, klein, braun, dunkel, blass, hell, blau, dünn, lachend, schlank, dick

Augen können so sein:

Gesichter können so sein:

Körper können so sein:

117

Deutsch 2. Klasse

Wortarten: Wiewörter

Molli und Pfiff spielen Ball.

Pfiff mag besonders die Silbenbälle.

Finde immer zwei passende Silben und verbinde sie. Schreibe das neue Wiewort in das Kästchen.

Silben: rei, schickt, hig, tig, fig, se, fröh, mu, lich, sam, freund, lich, grau, zend, lich, ge, ru, ängst, pfif, lei

Wortarten: Wiewörter   Deutsch 2. Klasse

Pfiff hat die Puzzleteile vermischt.

Suche die Puzzleteile mit den Gegenteilen zusammen und schreibe sie in die unten abgebildeten Linien.

ängstlich — mutig — hungrig — langsam — satt — kurz — tief — müde — hoch — lustig — nass — traurig — schnell — lang — wach — trocken

lang	kurz

119

Deutsch 2. Klasse — Wortarten: Wiewörter

Pfiff hat zwei Sonnenblumen gezeichnet.

Finde mit ihm heraus, welcher Begriff ein Wiewort und welcher ein Namenwort ist.

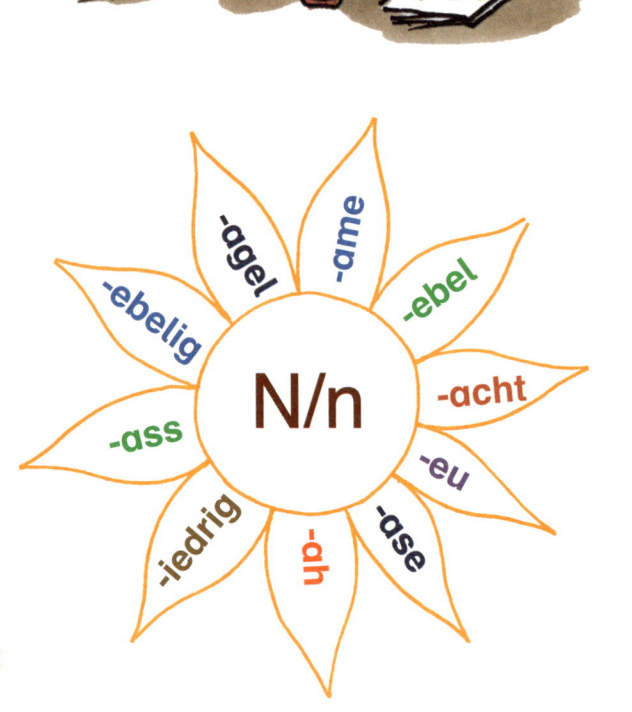

Sonnenblume **W/w** mit den Blütenblättern:
-arm, -ort, -eiß, -eit, -eg, -agen, -ild, -asser, -eich, -ild

Sonnenblume **N/n** mit den Blütenblättern:
-agel, -ame, -ebel, -acht, -eu, -ase, -ah, -iedrig, -ass, -ebelig

Trage deine Ergebnisse hier ein:

Wiewort	Namenwort

120

Wortarten: Wiewörter Deutsch 2. Klasse

Wiewörter, die wir auch Eigenschaftswörter nennen, kann man auch zusammensetzen.

Versuchst du es?
Es muss immer ein sinnvolles Wort ergeben.

klar — kalt — rund — gelb — glatt — weiß — rot

Deutsch 2. Klasse — Wortarten: Wiewörter

Molli und Pfiff haben sich Eigenschaftswörter aufgeschrieben. Verbinde immer zwei, die eine ähnliche Bedeutung haben.

Mollis Wörter	Pfiffs Wörter
schläfrig	farbig
kalt	betrübt
still	wütend
fröhlich	kühl
höflich	leise
bunt	allein
traurig	düster
rasend	müde
einsam	nett
dunkel	lustig

Wortarten: Wiewörter — Deutsch 2. Klasse

Pfiff hat ein paar Zeilen geschrieben.

Doch da haben sich einige Fehler eingeschlichen. Findest du heraus, welche Satzteile hier falsch miteinander verbunden sind?

Schreibe die Sätze unten richtig. Ergänze auch die Tiernamen.

… ist groß und lebt im Wald.

… ist niedlich und hat lange Stoßzähne.

… ist stachelig und man kann es reiten.

… ist bunt und mag Möhrchen.

… ist braun und kann fliegen.

Deutsch 2. Klasse Wortarten: Wiewörter

Molli hat für Pfiff eine Buchstabensuppe gekocht.

Kannst du erkennen, welche Wiewörter darin versteckt sind?

- uen
- nubt
- lelh
- fölhcih
- msanei
- tnet
- stulgi
- luahcs
- uartgir
- knedul

Wortarten: Wiewörter Deutsch 2. Klasse

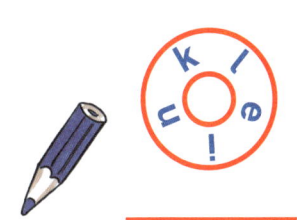

Fidibus hat die Wörter verbogen!

Kannst du trotzdem noch erkennen, welche Wortarten vorliegen? Male alle Namenwörter rot, die Tunwörter blau und die Wiewörter grün.

Schreibe außerdem das jeweilige Wort in die Linie darunter.

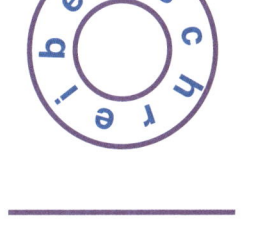

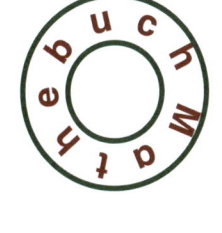

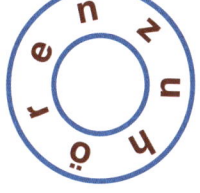

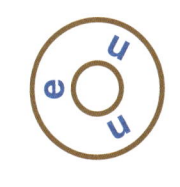

Deutsch 2. Klasse | **Wortarten: Wiewörter**

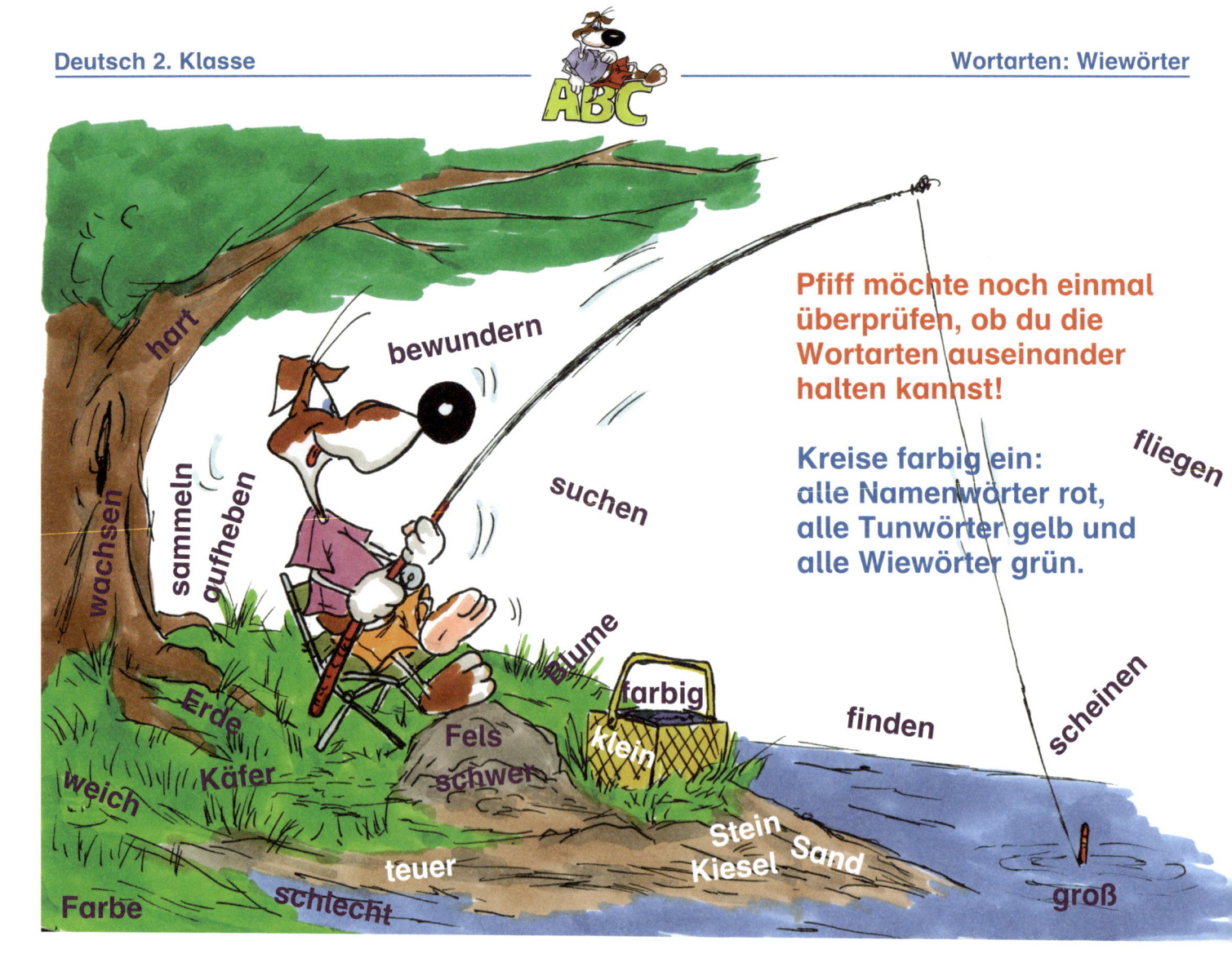

Pfiff möchte noch einmal überprüfen, ob du die Wortarten auseinander halten kannst!

Kreise farbig ein:
alle Namenwörter rot,
alle Tunwörter gelb und
alle Wiewörter grün.

Wörter im Bild: hart, bewundern, sammeln, aufheben, wachsen, suchen, fliegen, Erde, Blume, farbig, klein, Fels, schwer, finden, scheinen, weich, Käfer, teuer, Stein, Kiesel, Sand, Farbe, schlecht, groß

Ordne nun die Wörter in folgende Tabelle:

Namenwörter	Tunwörter	Wiewörter

Rechtschreibung

Kathrin Katze hat Pfiff ein paar Wörter diktiert.

Findest du heraus, welche der vier möglichen Schreibweisen richtig ist?
Male das richtige Kästchen blau an!

Schmätterling	Schmetterling
Smetterling	Schmetterlink

Disch	Tich
Tisch	Dich

Telefon	Tälefon
Teelefon	Tellefon

Hunn	Hun
Huhn	Huuhn

Vase	Vaase
Wase	Vasse

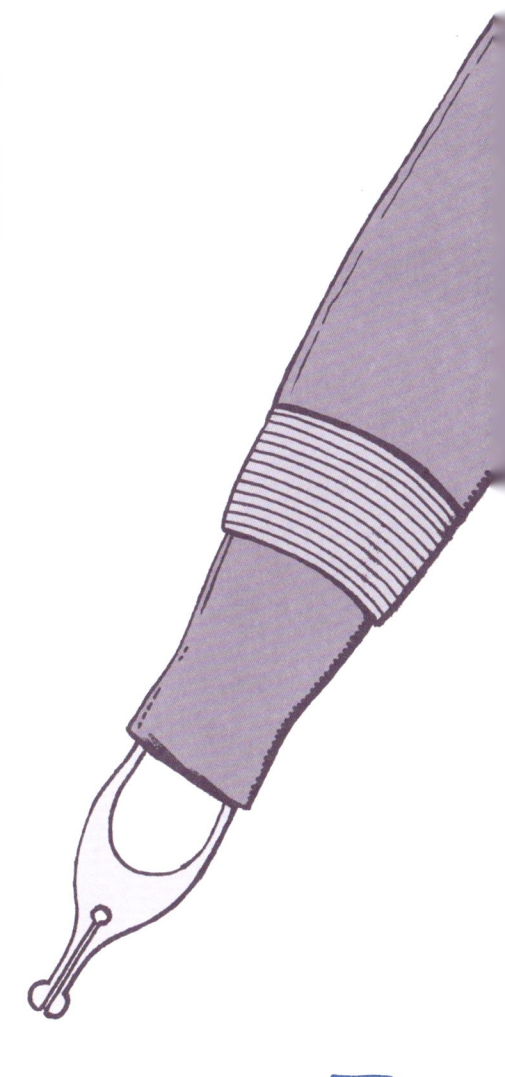

Deutsch 2. Klasse — **Rechtschreibung**

Pfiff möchte wissen, ob du die Groß- und Kleinschreibung verstanden hast.

**Zur Erinnerung:
Namenwörter und Wörter am Satzanfang schreibst du groß.
Tunwörter und Wiewörter schreibst du klein.**

Lies den Text und schreibe ihn neu auf die nächste Seite.

DIE SONNE SCHEINT HELL AM HIMMEL. PFIFF UND MOLLI GEHEN SPAZIEREN IM STADTPARK. DORT SEHEN SIE VIELE MENSCHEN UND TIERE. EINIGE MENSCHEN FAHREN FAHRRAD. AUCH VIELE HUNDE SEHEN SIE IM PARK. AUF DEM TEICH IM PARK SCHWIMMEN ENTEN UND SCHWÄNE. MOLLI FÜTTERT SIE MIT BROT. DEN BEIDEN FREUNDEN GEFÄLLT ES GUT IM PARK. SIE LACHEN UND FREUEN SICH. DOCH PLÖTZLICH ZIEHEN DUNKLE WOLKEN AUF UND ES BEGINNT ZU REGNEN. MOLLI UND PFIFF BEEILEN SICH UND LAUFEN NACH HAUSE ZURÜCK.

Rechtschreibung

Deutsch 2. Klasse

Hier hast du Platz, um den Text noch einmal neu zu schreiben.

Pfiff schreibt einen Text am Computer.

Doch da scheint etwas nicht ganz zu funktionieren. Kannst du die einzelnen Wörter erkennen? Schreibe den Text noch einmal neu auf die nächste Seite!

IndenFerienistAnnikabeiihrerGroßmutter.SielebtaufeinemBauernhof.DortbesitztsievieleTiere.DarunterSchweine,Schafe,Kühe,HühnerundPferde.AberamliebstenmagAnnikadiePferde.AufihnenreitetsiedenganzenTag.AuchTom,AnnikasMitschüler,besuchtsiemanchmalaufdemHof.DanntobenbeideausgelassendurchdashoheHeuderScheune.EinesAbendsmachtdieGroßmuttereineNachtwanderungmitdenbeidenFreunden.DaswarAnnikasschönstesFerienerlebnis.

Rechtschreibung Deutsch 2. Klasse

Schreibe hier noch einmal den Text über Annika auf.

Deutsch 2. Klasse — **Rechtschreibung**

Kathrin schreibt einen Brief an Molli.

**Sie hat viele Fehler gemacht.
Kannst du sie verbessern?
Schreibe den Text noch einmal neu.**

Halo Molli,

wi get es dir? Hast du schon etwas for morgeen? Ich geehe in den Kircus. Komst du mit? Dort gibt es so schöne Tire, die ich mit dir anschauen kan. Die Forstellung bekinnt um seks Ur.

Bis morgeen, liebe Grüse

deine Kathrin

Rechtschreibung Deutsch 2. Klasse

Pfiff und Molli haben die 2a besucht.

Sie schreiben für Kathrin einen kurzen Bericht darüber. Doch Fidibus hat ein paar Wörter herausgezaubert. Hilfst du Kathrin, die Wörter an die richtige Stelle zu setzen? Achte auf die Groß- und Kleinschreibung!

Die 2. Klasse von _____ Müller übt _____ Wochen ein Theaterstück. Sie spielen „Dornröschen".

Für die erste Vorstellung _____ die Kinder Einladungskarten. Dazu pflücken sie _____ und kleben sie _____ die gefalteten _____ .

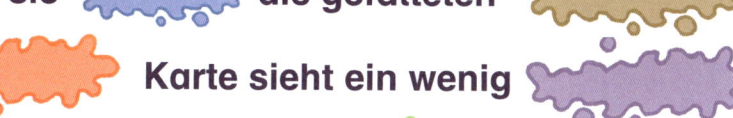

_____ Karte sieht ein wenig _____ aus.

Aber Molli haben sie alle _____ gefallen.

Wir werden die Vorstellung besuchen, begleitest du uns?

GUT   ANDERS   AUF

ROSEN   FRAU   BASTELN

PAPIERKARTEN   SEIT

JEDE

Deutsch 2. Klasse **Rechtschreibung**

Pfiff hat eine Regel für dich.

Nach einem langen Selbstlaut steht oft ein stummes h. Man nennt es Dehnungs-h.

Beispiel: Huhn

Sieh dir einmal Mollis Einkaufszettel an. Findest du alle Wörter mit dem Dehnungs-h?

```
S K U D F B O G R O
Z A H N B Ü R S T E
G D R F A L K F H G
A U H D S U T R S P
N P M F A S J F H F
S H D F H U H N U D
D Z E R N I S E P P
B L U M E N K O H L
O U S R H G L D K J
G M P I M Ö H R E L
```

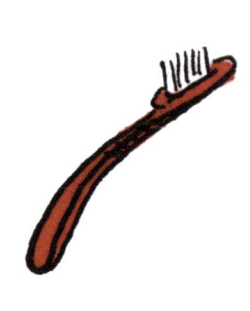

Rechtschreibung　　　　　　　　　　　　　　　　　　　Deutsch 2. Klasse

Schreibe nun den Einkaufszettel noch einmal ordentlich ab.

Setze auch den Begleiter dazu.

Na, hat es geklappt?

Hier noch eine lustige Regel:

„Wer **nämlich** mit **h** schreibt, ist dämlich."

Deutsch 2. Klasse — Rechtschreibung

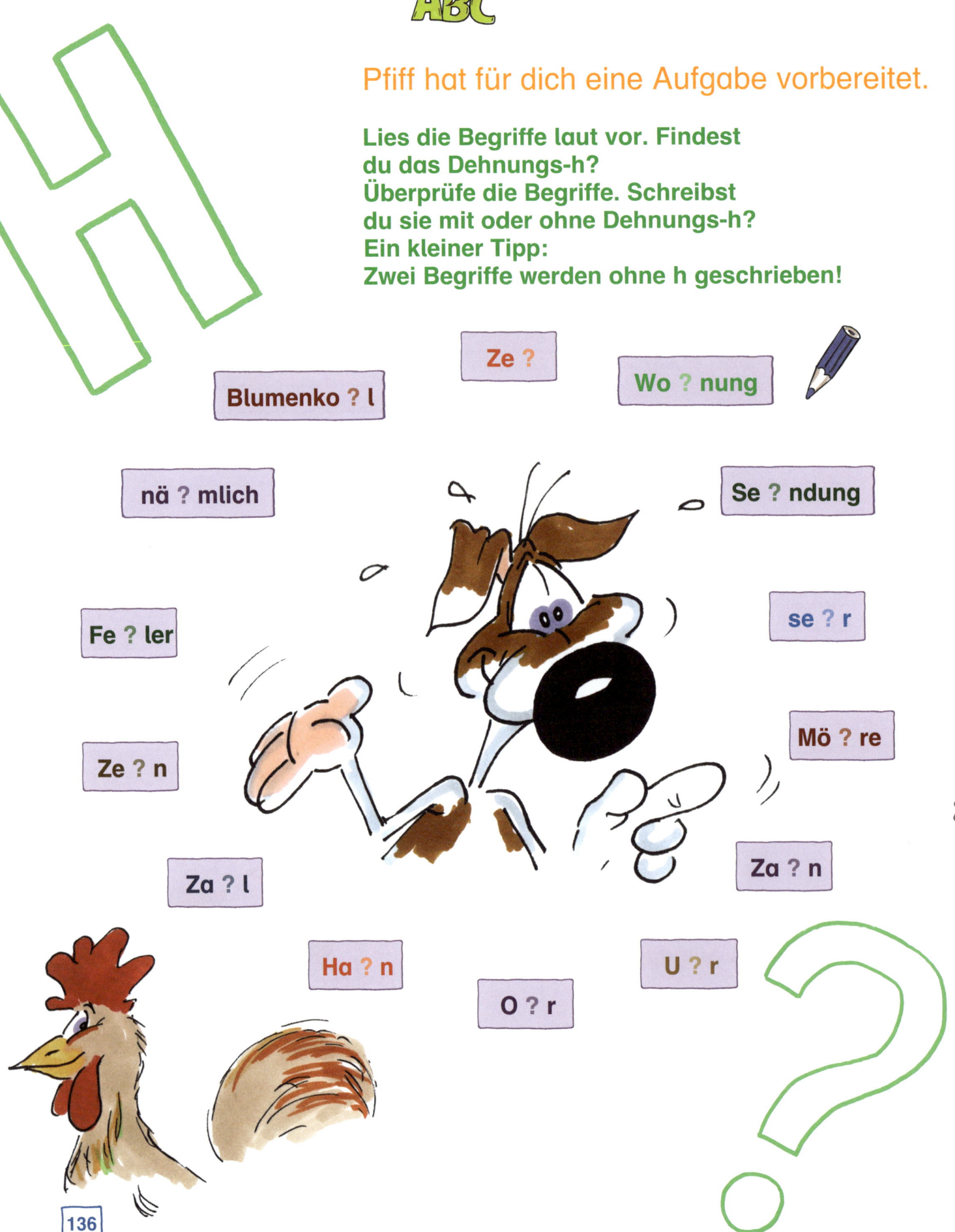

Pfiff hat für dich eine Aufgabe vorbereitet.

Lies die Begriffe laut vor. Findest du das Dehnungs-h?
Überprüfe die Begriffe. Schreibst du sie mit oder ohne Dehnungs-h?
Ein kleiner Tipp:
Zwei Begriffe werden ohne h geschrieben!

- Blumenko ? l
- Ze ?
- Wo ? nung
- nä ? mlich
- Se ? ndung
- Fe ? ler
- se ? r
- Ze ? n
- Mö ? re
- Za ? l
- Za ? n
- Ha ? n
- O ? r
- U ? r

Rechtschreibung

Deutsch 2. Klasse

Man unterscheidet weiche und harte Schlusslaute.

Weich sind: b, d, g.
Hart sind: p, t, k.

Pfiff spielt mit Molli Quartett. Doch Fidibus hat wieder gezaubert. Finde den fehlenden Buchstaben heraus. Doch Vorsicht, jeweils ein Begriff passt nicht! Schreibe das Wort, das anders ist, daneben.

| Sie___ | Trie___ |
| lie___ | Pie___ |

| bun__ | Hun___ |
| run__ | gesun___ |

| Gel___ | Fel___ |
| Zel___ | Hel___ |

| Schran__ | Tan__ |
| kran__ | san__ |

137

Deutsch 2. Klasse **Rechtschreibung**

Pfiff und Molli haben verschiedene Wörter aus dem Wörterbuch herausgesucht. Doch Fidibus hat alle weichen Laute (b, d, g) und alle harten Laute (k, p, t) weggezaubert!

Was fehlt hier: b, d oder g?

ha __ en	fin __ en	Er __ e
Ma __ en	sa __ en	ge __ en
fra __ en	lie __ en	wer __ en
tra __ en	ü __ en	gra __ en
zei __ en	bei __ e	Gebäu __ e

Was fehlt hier: k, p oder t?

A __ ril	Va __ er	Pa __ ier
heu __ e	dan __ en	ra __ en
den __ en	Me __ er	Se __ tember
tre __ en	ges __ ern	Pa __ et
war __ en	dun __ el	kos __ en
Sei __ e	Do __ tor	Krö __ e

138

Rechtschreibung — Deutsch 2. Klasse

Pfiff und seine Freunde angeln am Waldsee.

Sie entdecken eine Schnecke. Kannst du alle Wörter lesen? Schreibe alle B-Wörter blau und alle P-Wörter gelb.

Schreibe die Wörter hier in die Tabelle.

B-Wörter	P-Wörter

Deutsch 2. Klasse **Rechtschreibung**

Pfiff fährt mit dem Schulbus zur Schule.

Kannst du die Wörter auf den Reifen entziffern und aufschreiben?

Pfiff schaut sich die vorbeifahrenden Autos genau an. Liest du, was in den Rädern steht? Hier enden die Worte mit t oder d.

Rechtschreibung — Deutsch 2. Klasse

Auf der Straße kommt dem Bus auch ein Lastwagen entgegen. Kannst du lesen, was er geladen hat? Schreibe die Wörter neu!

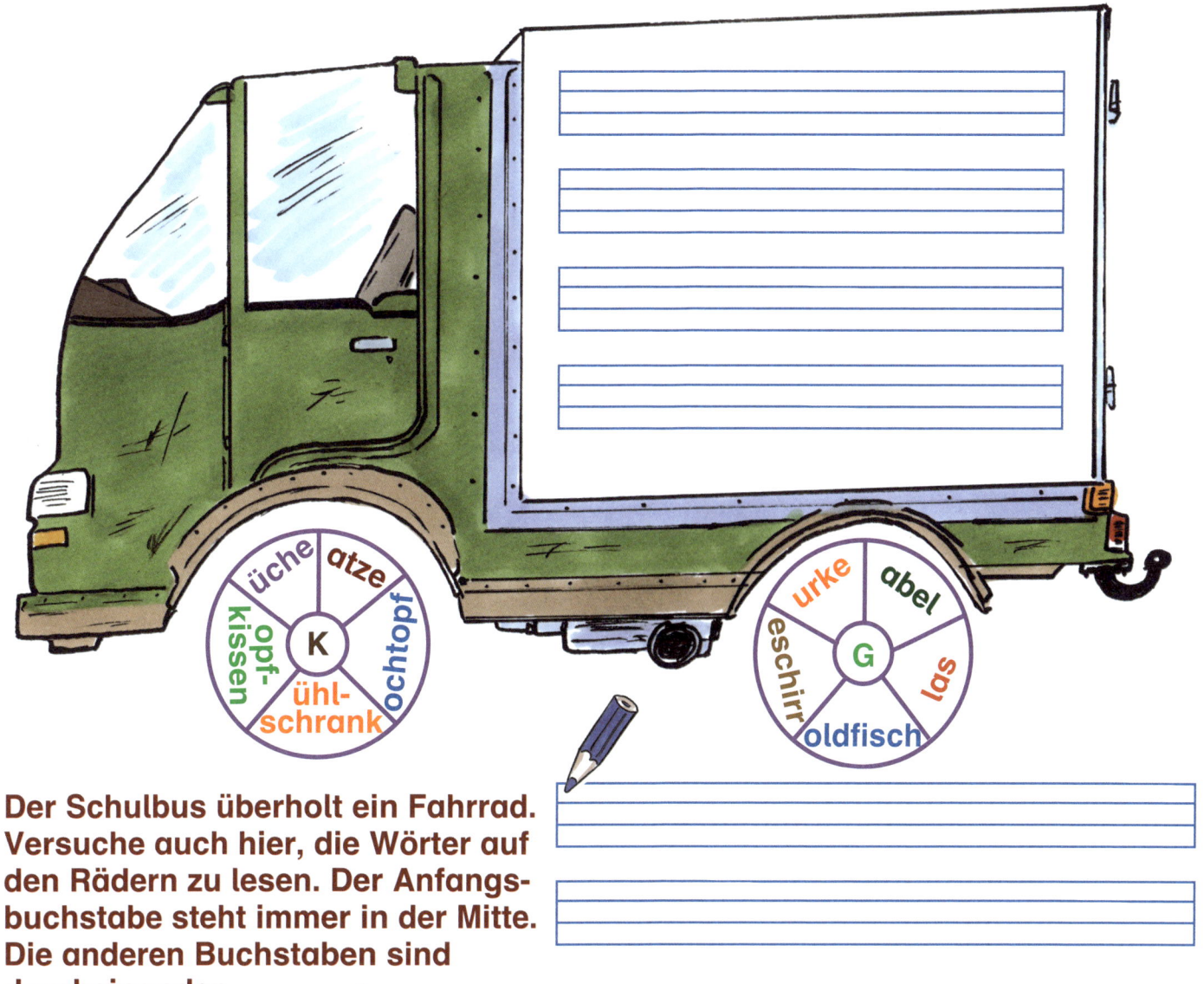

Rad K: üche, atze, ochtopf, ühlschrank, opfkissen
(Küche, Katze, Kochtopf, Kühlschrank, Kopfkissen)

Rad G: urke, abel, las, oldfisch, eschirr
(Gurke, Gabel, Glas, Goldfisch, Geschirr)

Der Schulbus überholt ein Fahrrad. Versuche auch hier, die Wörter auf den Rädern zu lesen. Der Anfangsbuchstabe steht immer in der Mitte. Die anderen Buchstaben sind durcheinander.

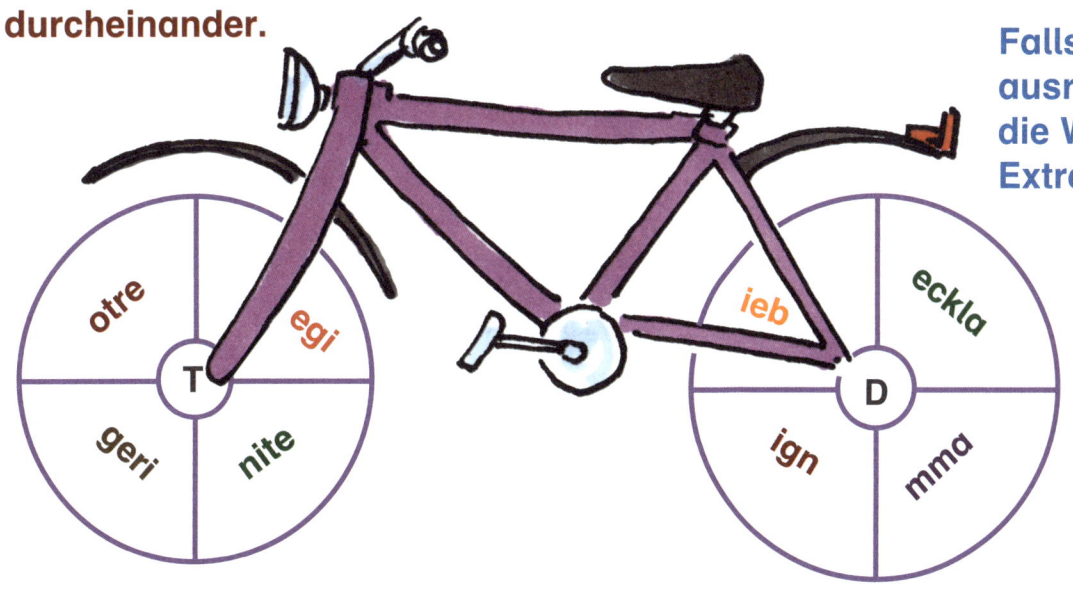

Falls der Platz nicht ausreicht, so schreibe die Wörter auf ein Extrablatt.

Rad T: otre, egi, nite, geri, (T)
Rad D: ieb, eckla, mma, ign, (D)

Deutsch 2. Klasse **Rechtschreibung**

Pfiff und Molli haben zwei Windrädchen entdeckt.

Kannst du erkennen, welche Wörter sich hier im Wind drehen?

Windrad K: offer, ind, uss, irche, opf, uh
Windrad G: arten, ans, eld, lück, ras, old

Rechtschreibung Deutsch 2. Klasse

Pfiff hat das Klassenzimmer mit Luftballons geschmückt!

Kannst du die Wörter lesen? Verbinde sie mit dem gezeichneten Gegenstand und schreibe sie neu.

Ballons: wZreg, öginK, loVeg, gurB, geW, slaG, gluFguez, oingH, rTieg, gSte

Deutsch 2. Klasse — Rechtschreibung

Auf der Wiese stehen verschiedene Blumen.

Pfiff pflückt sie. Kannst du die Wörter darauf lesen? Schreibe sie in die Kästchen.

Blume 1 (ck): Blo__ck, Glü__ck, Fle__ck

Blume 2 (ck): He__ck__e, Zu__ck__er, De__ck__e

Blume 3 (ck): schme__ck__en, drü__ck__en, verste__ck__en

144

Rechtschreibung

Deutsch 2. Klasse

Pfiff und Molli picknicken am Flussufer.

**Lies den Text und ergänze ck!
Achtung: Zwei Fehler
haben sich eingeschlichen!
Dort steht nur k.**

Pfiff und Molli haben eine De___e und Beste___ mit auf die Wiese gebracht. Sie haben etwas Le___eres zum Essen eingepa___t: Brot mit Spe___ vom Bä___er, da ihnen das am besten schme___t. Zum Nachtisch hat Molli Scho__olade und Ke__se eingepa___t.

Nach dem Pi__ni___ spielen die beiden Verste__en.

Pfiff kriecht hinter eine He___e, um Molli zu erschre__en.

Sie bekommt einen großen Schre__ und fällt in den Dre__ am Boden. Der Nachmittag hat ihnen gut gefallen.

Müde und dre__ig kommen sie zu Hause an.

Das ck steht nur hinter einem kurzen Selbstlaut, z. B. Klecks.

Deutsch 2. Klasse   **Rechtschreibung**

Die Freunde machen in den Ferien einen Ausflug.

Sie zelten am Baggersee. Aber Fidibus hat ein paar Buchstaben weggezaubert. Kannst du sie einsetzen?

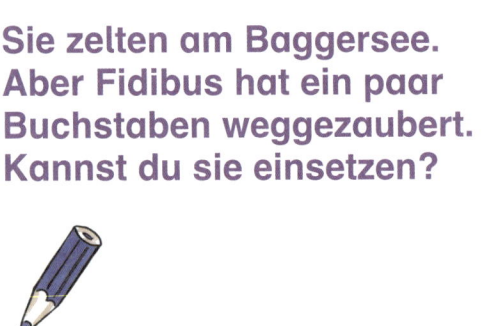

Am Abend si___en die Freunde um das Lagerfeuer und wärmen sich. Sie schauen sich die Sterne am Himmel an, als es plö__lich zu gewittern beginnt. Bli___e und Donner erschrecken die Freunde. Molli hat Angst und legt sich ins Zelt. Als Pfiff und Kathrin die ersten Tropfen ins Gesicht spri__en, suchen auch sie Schu___ und ein trockenes Plä__chen im Zelt.

Das **tz** steht nur **hinter** einem **kurzen** Selbstlaut, z. B. Katze.

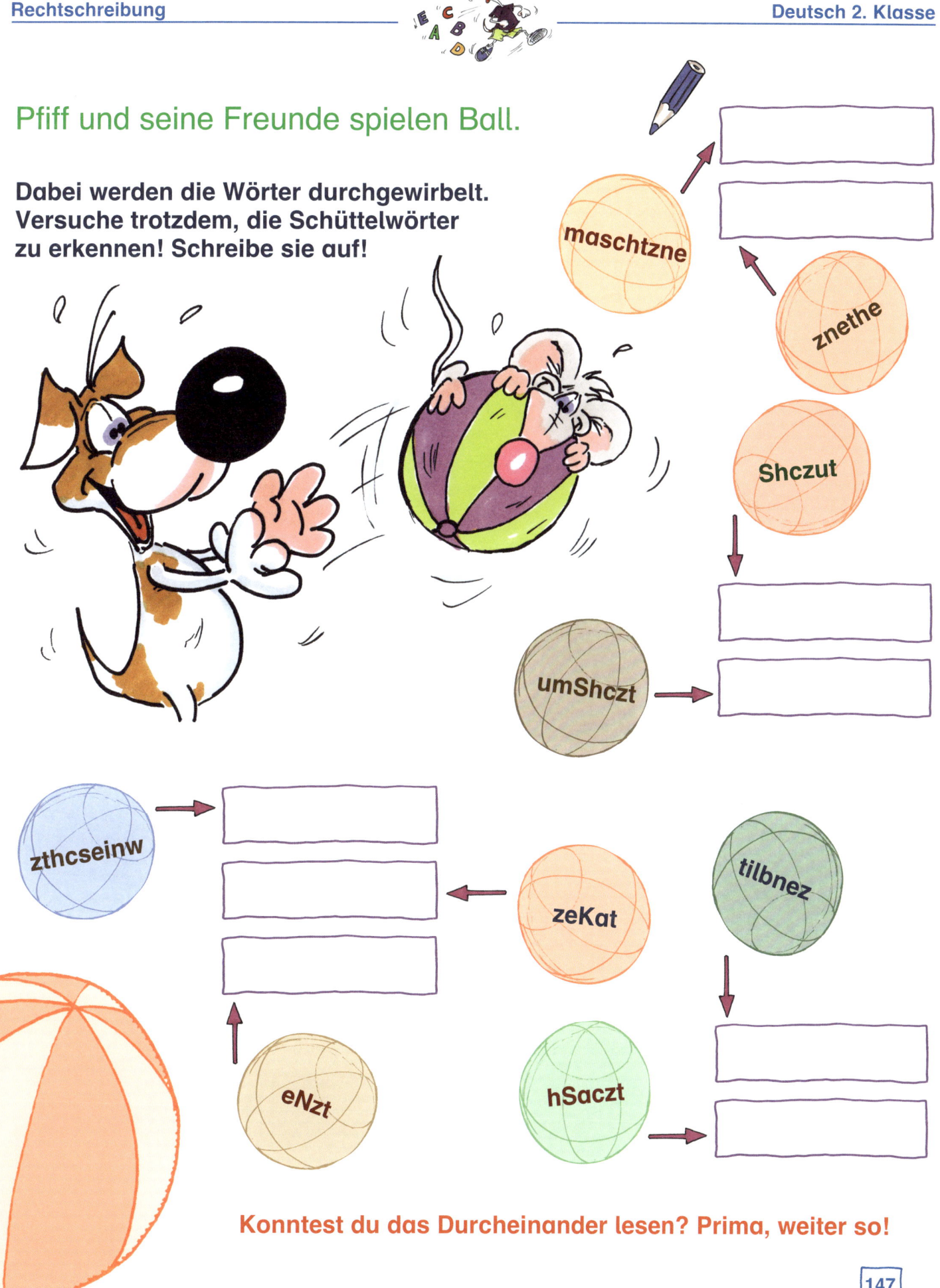

Rechtschreibung — Deutsch 2. Klasse

Pfiff und seine Freunde spielen Ball.

Dabei werden die Wörter durchgewirbelt. Versuche trotzdem, die Schüttelwörter zu erkennen! Schreibe sie auf!

- maschtzne →
- znethe →
- Shczut →
- umShczt →
- zthcseinw →
- zeKat →
- tilbnez →
- eNzt →
- hSaczt →

Konntest du das Durcheinander lesen? Prima, weiter so!

147

Deutsch 2. Klasse — **Rechtschreibung**

Fidibus hat hier tz-Wörter auseinander geschnitten!

Versuche, die Wörter wieder richtig zusammenzufügen!

Pfüt – ze
zen
ze
Net – ze
Hit – ze
ze
Sit – ze
Kat – ze
ze
Müt – ze
schüt – zen
ze
Blit – ze
het ze

Rechtschreibung — Deutsch 2. Klasse

Merke dir diese Regel:

Hörst du nach dem sch-Laut ein p, schreibe Sp/sp. Hörst du ein t, dann schreibe St/st.

Unterscheide durch lautes Vorsagen, wie die Wörter geschrieben werden!

Kreise ein: st-Wörter blau, sp-Wörter grün und sch-Wörter rot!

149

Deutsch 2. Klasse **Rechtschreibung**

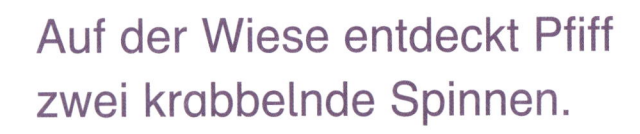

Auf der Wiese entdeckt Pfiff zwei krabbelnde Spinnen.

Pfiff nimmt eine Lupe, um das merkwürdige Muster zu betrachten. Erkennst du, was auf den Spinnen steht?

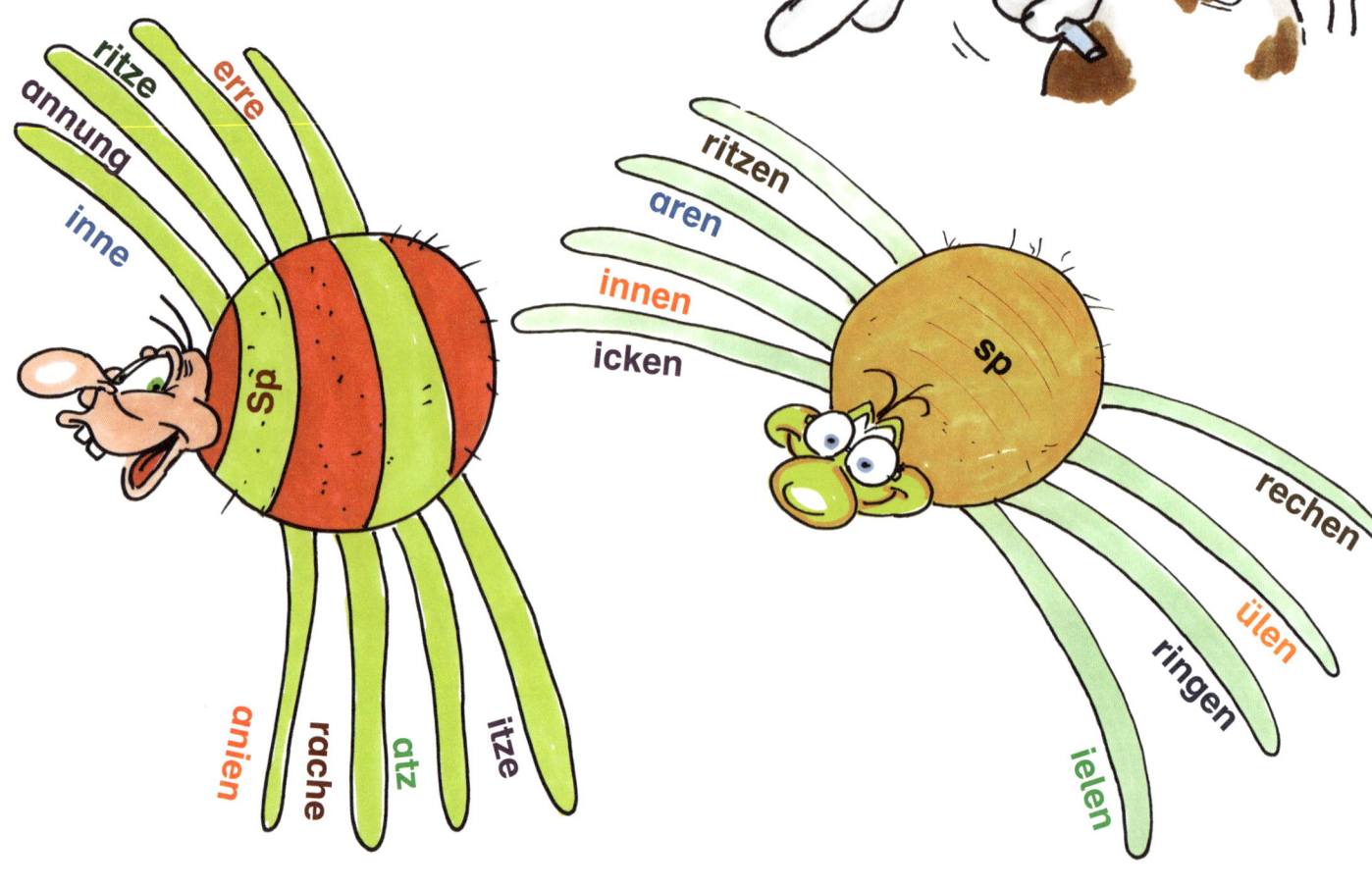

Spinne 1 (Sp): annung, ritze, erre, inne, Sp, anien, rache, atz, itze

Spinne 2 (sp): ritzen, aren, innen, icken, sp, rechen, ülen, ringen, ielen

Wörter mit Sp

Wörter mit sp

150

Rechtschreibung Deutsch 2. Klasse

Im Gestrüpp entdeckt Pfiff zwei kleine Schlangen.

Sie haben ein besonderes Muster. Erkennst du die Namenwörter und Tunwörter mit Sp/sp? Schreibe sie auf!

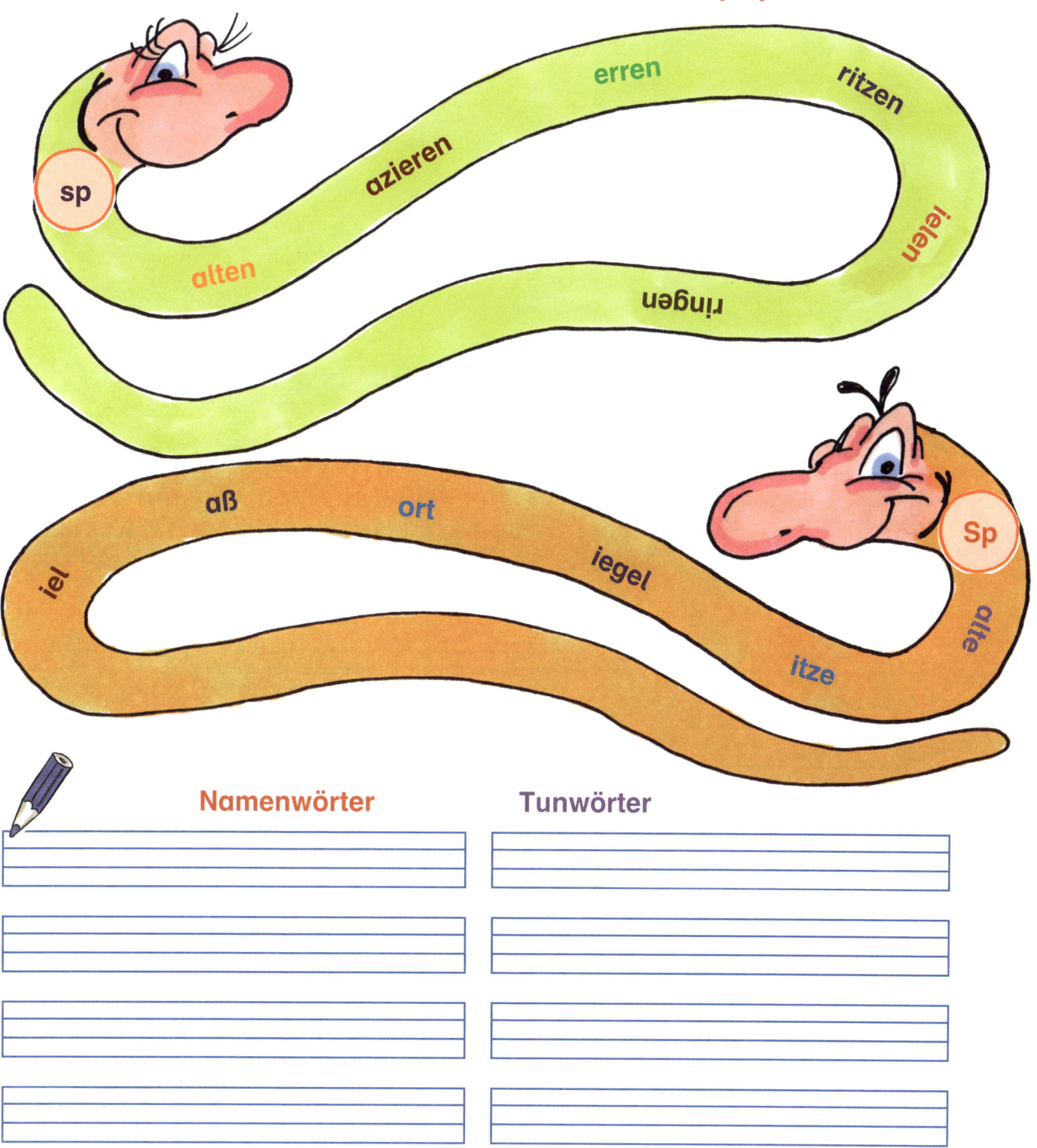

Schlange 1 (sp): alten, azieren, erren, ritzen, ielen, ringen

Schlange 2 (Sp): iel, aß, ort, iegel, itze, alte

Namenwörter | **Tunwörter**

Deutsch 2. Klasse **Rechtschreibung**

Pfiff betrachtet den Himmel mit all seinen Sternen.

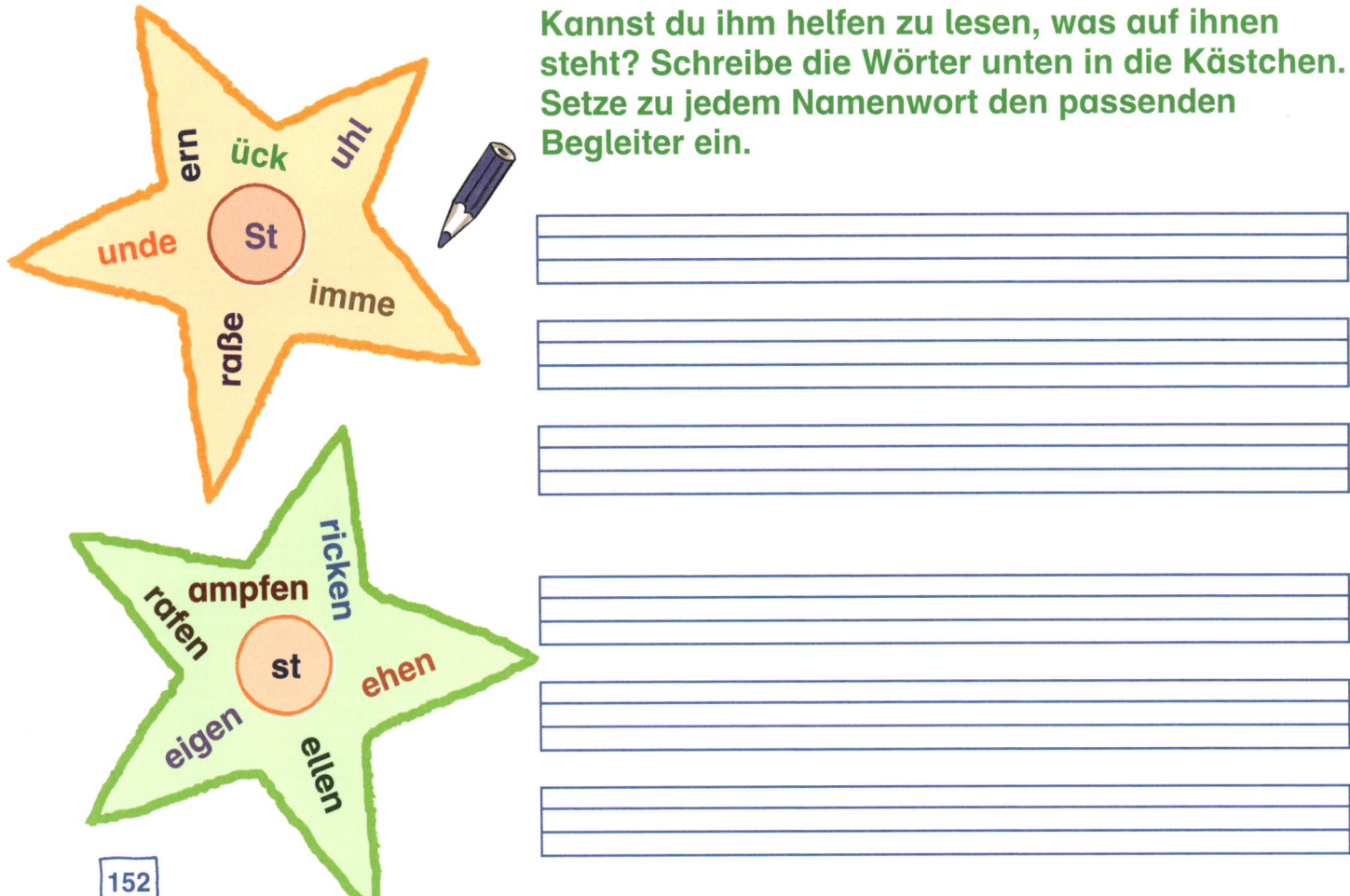

Kannst du ihm helfen zu lesen, was auf ihnen steht? Schreibe die Wörter unten in die Kästchen. Setze zu jedem Namenwort den passenden Begleiter ein.

Stern – Stück – Stuhl – Stunde – Straße – Stimme

stampfen – stricken – stehen – stellen – steigen – strafen

Rechtschreibung Deutsch 2. Klasse

Pfiff hat hier verschiedene Knöpfe aus Mamas Knopfdose ausgeleert!

Kannst du ihm helfen, sie zu sortieren? Finde dazu heraus, ob man die St/st-Wörter klein- oder großschreibt und setze entweder st oder St davor!

Ein Tipp:
Fünf Wörter schreibt man groß.

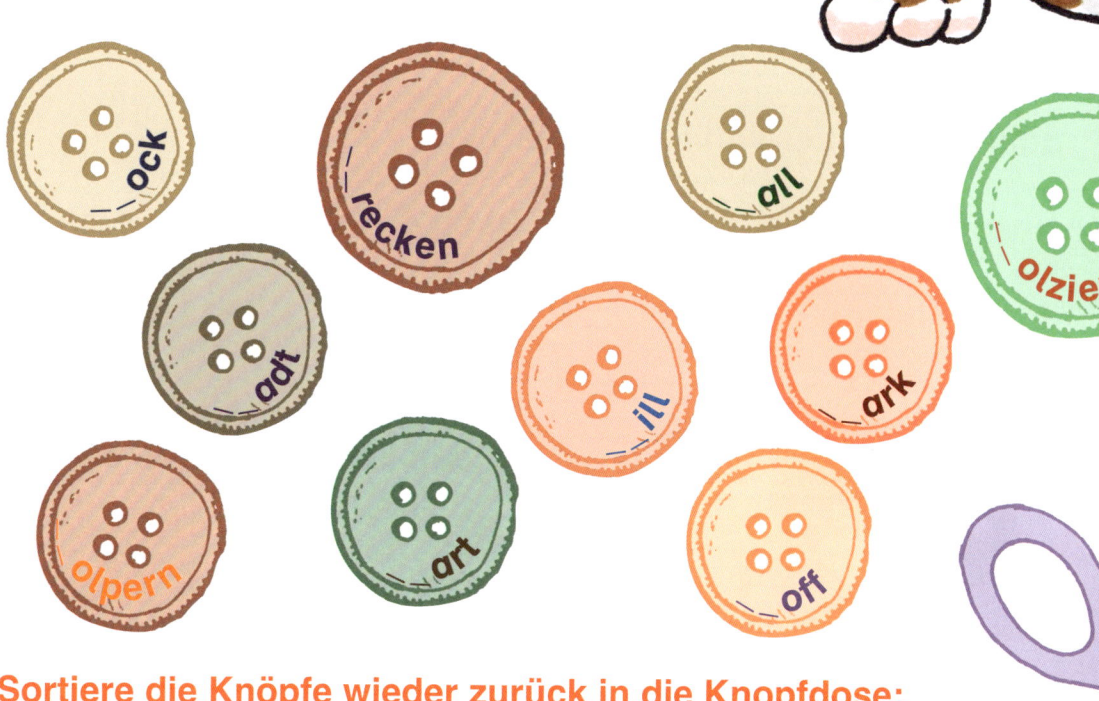

- ock
- recken
- all
- olzieren
- adt
- ill
- ark
- olpern
- art
- off

Sortiere die Knöpfe wieder zurück in die Knopfdose:

st	St

Deutsch 2. Klasse — **Rechtschreibung**

Fidibus erzählt von dem großen Sportfest.

Doch er hat ein paar Buchstaben weggezaubert. Setze st/St und sp/Sp ein!

Heute findet in der Waldschule ein großes __ortfest __att. Alle Kinder

haben viel __aß. Pfiff und Molli __ringen vor Aufregung von den __ühlen.

Molli __olpert beim __iel über einen __itzen __ein und __ürzt. Kathrin Katze

ist sehr __ill und trinkt zur Erfrischung ein großes __ezi.

Pfiff läuft in der __affel mit, aber er verliert, weil er den __ab fallen lässt.

Er fürchtet, dass seine Freunde über ihn __otten. Doch er hat einen weiteren

Versuch und __rintet ins Ziel. Pfiff, das war __itze!

Denk daran: Auch wenn du den Laut sch hörst, steht hier sp oder st!

Rechtschreibung Deutsch 2. Klasse

Was ist denn hier passiert?

**Fidibus hat wieder alles herumgewirbelt.
Ein paar Buchstaben fehlen sogar!**

- Ta__e
- be__er
- hei__
- gro__
- Flei__
- Prei__
- Gemü__e
- Schlo__
- grü__en
- le__en
- Fu__
- Paradie__
- Wa__er
- Na__e
- Flu__

Setze s, ss oder ß ein und sortiere die Wörter in die richtigen Kästchen.

ss | ß | s

155

Deutsch 2. Klasse   **Rechtschreibung**

Kathrin hat einen kleinen Text geschrieben, aber Fidibus hat alle ss und ß weggezaubert.

Lies jedes Wort laut, bevor du entscheidest, ob du ss oder ß ankreuzt.

Ein kleiner Tipp: Um zu sehen, ob du alles richtig gemacht hast, trage die Lösungsbuchstaben unten ein!

Pfiff und Molli la__en Drachen steigen	ss (B) ß (G)
„Das macht Spa__!", rufen die Freunde.	ss (a) ß (l)
Danach gie__en sie die Blumen im Garten.	ss (h) ß (u)
Der Garten ist gro__ und es dauert, bis sie	ss (n) ß (m)
alles gego__en haben.	ss (e) ß (i)

Molli pflückt für Pfiff eine __ __ __ __ __ .

Rechtschreibung — Deutsch 2. Klasse

In vielen Wörtern sprichst du das i lang.

Meist schreibst du dann ie.

Beispiel: Spiel

Finde heraus, welche dieser Gegenstände man mit ie schreibt! Male sie bunt an!

Hast du das Namenwort entdeckt, das man nur mit i schreibt? Klasse, weiter so!

157

Lösungen

Mathematik · Deutsch · 2. Klasse

S. 3 MOLLI
S. 5 KATHRIN
S. 7 GARTEN
S. 8 FEDERBALL
S. 9

1	2	3	4	5	6	7	8	9	10
11	12	13	14	15	16	17	18	19	20
21	22	23	24	25	26	27	28	29	30
31	32	33	34	35	36	37	38	39	40
41	42	43	44	45	46	47	48	49	50
51	52	53	54	55	56	57	58	59	60
61	62	63	64	65	66	67	68	69	70
71	72	73	74	75	76	77	78	79	80
81	82	83	84	85	86	87	88	89	90
91	92	93	94	95	96	97	98	99	100

S. 11
1. 0, 10, 20, 30, 40, 50, 60, 70, 80, 90, 100
2. 1, 11, 21, 31, 41, 51, 61, 71, 81, 91
3. 5, 15, 25, 35, 45, 55, 65, 75, 85, 95
4. 11, 12, 13, 14, 15, 16, 17, 18, 19, 20, 21, 22, 23, 24, 25, 26, 27, 28, 29, 30
5. 82, 83, 84, 85, 86, 87, 88, 89, 90, 91, 92, 93, 94, 95, 96, 97, 98, 99
6. 35, 36, 37, 38, 39, 40, 41, 42, 43

S. 12 REGENWURM
S. 13 Der Regenwurm GRÄBT die Erde UM.
S. 14
54: 30 + 24, 60 – 6, 48 +6
36: 40 – 4, 30 + 6, 28 + 8
78: 80 – 2, 70 + 8, 82 – 4
Alle anderen sind falsch.

S. 15
45: x o o, o x o
74: x o o, o o x
55: o o x, x o o

S. 16

Plusaufgaben:
10 + 10 + 10 + 10 = 40
10 + 10 + 10 + 10 + 10 = 50
10 + 10 + 10 + 10 + 10 + 10 + 10 = 70
10 + 10 = 20
10 + 10 + 10 + 10 + 10 + 10 + 10 + 10 = 80

Malaufgaben:
4 · 10 = 40
5 · 10 = 50
7 · 10 = 70
2 · 10 = 20
8 · 10 = 80

S. 17
40 = 4 · 10
70 = 7 · 10
20 = 2 · 10
90 = 9 · 10
10 = 1 · 10
50 = 5 · 10
30 = 3 · 10
60 = 6 · 10
80 = 8 · 10
100 = 10 · 10

S. 19 10, 20, 30, 40, 50
S. 20
1. Es werden 6 Kugeln.
2. Es werden 3 Kugeln.
Tabelle: 40: 8, 4
50: 10, 5
20: 4, 2

S. 21 WERFEN, ROLLEN und FANGEN.
S. 22 1. 5 Tage, 2. 20 Tage, 3. 38 Tage, 4. 100 Tage
S. 23 1. Es sind 9 5er-Packungen.
2. Es sind 8 10er-Packungen.
S. 24 7 · 2 = 14, 14 : 2 = 7
S. 26
Die 2er-Reihe
1 · 2 = 2   6 · 2 = 12
2 · 2 = 4   7 · 2 = 14
3 · 2 = 6   8 · 2 = 16
4 · 2 = 8   9 · 2 = 18
5 · 2 = 10   10 · 2 = 20

S. 28
20 : 4 = 5
36 : 4 = 9
16 : 4 = 4
28 : 4 = 7
40 : 4 = 10
24 : 4 = 6
32 : 4 = 8
8 : 4 = 2
12 : 4 = 3
4 : 4 = 1

S. 29
24 Nilpferdbeine, 40 Katzentatzen, 32 Jaguarbeine, 36 Froschschenkel, 28 Beine von Pferd und Kuh

S. 30
7 Pferde, 4 Hunde, 2 Bären, 3 Giraffen, 8 Mäuschen, 5 Hamster

S. 31 6 : 3 = 2; 6 · 2 = 12; 12 : 3 = 4
Die 3er-Reihe:
1 · 3 = 3   6 · 3 = 18
2 · 3 = 6   7 · 3 = 21
3 · 3 = 9   8 · 3 = 24
4 · 3 = 12   9 · 3 = 27
5 · 3 = 15   10 · 3 = 30

S. 33 12, 24 und 36 gehören zu beiden Reihen.
S. 34 FERNSEHEN
S. 35 5 Packungen Eier / SCHOKOLADENkuchen
S. 36 6, 12, 18, 24, 30, 36, 42, 48, 54, 60
60, 54, 48, 42, 36, 30, 24, 18, 12, 6
S. 37 Sie brauchen 4 Abteile.
4 Abteile: 24 Personen, 7 Abteile: 42 Personen,
9 Abteile: 54 Personen

S. 38 BURG
Die 6er-Reihe
1 · 6 = 6   6 · 6 = 36
2 · 6 = 12   7 · 6 = 42
3 · 6 = 18   8 · 6 = 48
4 · 6 = 24   9 · 6 = 54
5 · 6 = 30   10 · 6 = 60

S. 39
3er- und 6er-Reihe haben die Zahlen 6, 12, 18, 24 und 30 gemeinsam.
12 = 2 · 6   18 = 3 · 6   24 = 4 · 6   30 = 5 · 6
12 = 4 · 3   18 = 6 · 3   24 = 8 · 3   30 = 10 · 3

S. 40 Es sind 3 Achtergruppen.
Die 8er-Reihe
1 · 8 = 8   6 · 8 = 48
2 · 8 = 16   7 · 8 = 56
3 · 8 = 24   8 · 8 = 64
4 · 8 = 32   9 · 8 = 72
5 · 8 = 40   10 · 8 = 80

S. 41 Die 24 haben alle Reihen gemeinsam.
Die 4er-Reihe und die 8er-Reihe haben folgende Zahlen gemeinsam: 8, 16, 24, 32, 40.
Die 6er-Reihe und die 8er-Reihe haben folgende Zahlen gemeinsam: 24, 48

S. 42

·	3	4	6	8
2	6	8	12	16
4	12	16	24	32
6	18	24	36	48
8	24	32	48	64

·	3	4	6	8
3	9	12	18	24
5	15	20	30	40
7	21	28	42	56
9	27	36	54	72

S. 43
Die Blumenfrau kann 4 Sträuße binden.
Die 9er-Reihe
1 · 9 = 9   6 · 9 = 54
2 · 9 = 18   7 · 9 = 63
3 · 9 = 27   8 · 9 = 72
4 · 9 = 36   9 · 9 = 81
5 · 9 = 45   10 · 9 = 90

S. 44 NARZISSEN
S. 45
Die 3er-, 6er- und 9er-Reihen haben die 18 gemeinsam.
Fidibus' Zahl heißt 54.
S. 46
Familie Meier macht 3 Wochen Urlaub.
Die 7er-Reihe
1 · 7 = 7   6 · 7 = 42
2 · 7 = 14   7 · 7 = 49
3 · 7 = 21   8 · 7 = 56
4 · 7 = 28   9 · 7 = 63
5 · 7 = 35   10 · 7 = 70

S. 47 FISCHSUPPE
S. 48 Die ausgefüllte Hundertertafel findest du in der nächsten Spalte.
Alle Zahlen der 7er-Reihe außer der 49 gehören je zu einer der anderen Einmaleinsreihen.
S. 50 Kathrin: 14 Knöpfe, Pfiff: 24 Streichhölzer, Molli: 4 Würfel.
S. 51 12 Fische, verdoppelt 24 Fische.
S. 52
III ..... = 35, verdoppelt IIIIII = 70
IIII = 40, verdoppelt IIIII III = 80
III ...... = 36, verdoppelt IIIII .... = IIIII II .. = 72
II ... = 23, verdoppelt IIII .... = 46
III ..... = 39, verdoppelt IIIIII ....
= IIIII II .... = 78

S. 53 GESPARTES GELD
S. 54
32 : 2 = 16, 46 : 2 = 23, 20 : 2 = 10, 28 : 2 = 14
S. 55 KLASSENARBEITEN
S. 56 20, 50, 10
S. 58 28, 38, 48, 58, 68, 78, 88, 98 /39, 59, 79, 99 / 48, 78
S. 59 BIENE KÄFER WURM
S. 60 Molli muss ihm noch 5 geben.
S. 61 23 + 16 = 39. Pfiff hat jetzt 39 Glasmurmeln.
S. 63
100, 98, 96, 94, 92, 90, 88, 86, 84, 82, 80, 78, 76, 74
90, 85, 80, 75, 70, 65, 60, 55, 50, 45, 40, 35, 30, 25
70, 62, 54, 46, 38, 30, 22, 14, 6
60, 51, 42, 33, 24, 15, 6
S. 66 MARTINSFEUER
S. 67 18 + 18 = 36, 26 + 26 = 52, 25 + 25 = 50,
15 + 15 = 30, 31 + 31 = 62, 36 + 36 = 72, 19 + 19 = 38,
45 + 45 = 90, 33 + 33 = 66, 28 + 28 = 56, 17 + 17 = 34
S. 68
40 = 36 + 4 = 22 + 18 = 12 + 28
50 = 25 + 25 = 48 + 2 = 15 + 35
60 = 14 + 46 = 23 + 37 = 15 + 45
70 = 32 + 38 = 35 + 35 = 44 + 26

Lösungen

Mathematik · Deutsch · 2. Klasse

S. 69 16, 36, 7

S. 70 56 – 45 = 11 Er hat schon 11 Gummibärchen gegessen. / 45 – 17 = 28 Pfiff hat jetzt nur noch 28 Gummibärchen. / 28 : 2 = 14 Für Pfiff bleiben noch 14 Gummibärchen.

S. 71 50 – 7 = 43, 43 – 12 = 31, 31 – 10 = 21, 21 – 15 = 6
Es bleiben noch 6 Brötchen übrig, also genug für Pfiff.

S. 73
1. Pfiff muss sich noch 8 € von Molli leihen.
2. Molli muss 10 € zahlen.
3. Reicht Kathrins Geld? Kathrins Geld reicht, sie muss 13 € zahlen.

S. 74
1. Sie sammelt 80 € ein.
2. Sie muss 57 € bezahlen.

S. 75
3. 35 Kinder sitzen schon im Bus.
4. In der Dose sind 28 € und 50 ct.

S. 78
48 : 6 = 8, 6 · 8 = 48
27 : 9 = 3, 5 · 9 = 45, 67 – 27 = 40
45 + 13 = 58, 56 – 19 = 37

S. 80
49 : 7 = 7
35 : 5 = 7
72 : 9 = 8
56 : 8 = 7
8 · 2 = 16
6 · 6 = 32
4 · 4 = 48

S. 81 Der Kirchturm ist 13 m höher.
Der Sportplatz ist 44 m länger.

S. 83 RECHENMEISTER

S. 84 A B C D E F G H I J K L M N O P Q R S T U V W X Y Z

S. 85 a b c d e f g h i j k l m n o p q r s t u v w x y z

S. 86
A, B, C und D – heute tut der Hals mir weh.
E, F, G und H – der Doktor war schon da.
I, J, K und L – die Medizin hilft mir ganz schnell.
M, N, O und P – dazu gibt es heißen Tee.
Q, R, S, T, U – und im Bett noch etwas Ruh.
V, W, X, Y und Z – bin wieder fit und das ist nett.

S. 87 DU BIST GUT!

S. 88/89 Affe, Bär, Chinchilla, Dromedar, Elefant, Fuchs, Giraffe, Hase, Igel, Jaguar, Känguru, Löwe, Nashorn, Otter, Rind, Schimpanse, Taube, Uhu, Vögel, Wolf, Ziege

S. 90 Schule, Clown, Himbeere, Wurst, Igel, Malstifte, Monat, Bett, Apfelsine, Dackel, Mädchen, Esel, Ente, Regen
Pfiff plantscht gerne im Schwimmbad oder im Meer

S. 91 F / G / H / I / J / K / L / M / N / O / P / Q / R
(20 – 8 + 1 = 13)
C / D / E / F / G / H / I / J / K / L / M / N / O / P
(30 – 25 + 9 = 14)

S. 92 der Sitz, die Tinte, in, im, der Wirt, dich, der Blick
fest, das Fell, denken, der Deckel setzen, wer, der
der Hund, die Nudel, die Schule, der Bach, die Pappe, der Hahn, das Band, der Mond, das Ohr, das Brot

S. 93 Hand, Rose, Geld, Buch, Eimer, Herz, Wolle

S. 94 Molli spielt mit der Puppe.
Das Auto hat eine Hupe.
Die Sonne scheint am Himmel.
Mama hat Sahne für den Kuchen geschlagen.
Der Fuß gehört in den Schuh.

S. 95 Der Fluss fließt ins Meer.
Der Hase knabbert Möhren.
Die Kasse steht im Geschäft.
Die Vögel bauen ein Nest.
Mit der Nase kann ich riechen.

S. 97 Namenwörter (rot):
Molli, Schule, Auto, Fahrrad, Blume, Buch, Schrank, Tisch, Teller, Tafel, Pfiff, Fidibus, Fernseher, Schreibtisch, Füller
Namenwörter, die mit der Schule zusammenhängen (grün):
Schule, Buch, Tafel, Schreibtisch, Füller

S. 98/99 eine Vase, eine Blume, eine Tasse, eine Gabel, eine Pfanne, ein Tisch, ein Stuhl, ein Teller, ein Messer, ein Topf, ein Glas

S. 100 Der Hund bellt den Briefträger an.
Die Ente schwimmt im Teich im Stadtpark.
Das Pferd steht auf der Weide.
Die Maus isst gerne Käse.
Der Elefant spritzt mit seinem Rüssel das Wasser umher.
Die Katze hat samtweiche Pfoten.
Der Hahn und das Huhn leben auf dem Bauernhof.
Das Kaninchen knabbert Möhren.

S. 101 der Tisch, der Vogel, der Mond, der Stuhl, das Haus, das Glas, das Kissen, das Hemd, die Sonne, die Blume, die Wolke, die Muschel

S. 102 Sonnenblume, Ringfinger, Puppenhaus, Hosenknopf, Regenschirm, Federball

S. 103 Schaukelpferd, Handschuh, Vogelkäfig, Schneemann, Glockenblume, Löwenzahn, Hosentasche, Hausboot, Gartenzaun
Lösungswort: Spielzeug

S. 104 Sonnenblume, Autositz, Wasserhahn, Haustür, Bettdecke, Schulbuch, Halsband, Teekanne, Seestern

S. 105 Einzahl:
ein Lehrer, eine Aufgabe, eine Klasse, eine Tafel, ein Buch, ein Stift, ein Heft, eine Pause
Mehrzahl:
zwei Lehrer, zwei Aufgaben, zwei Klassen, zwei Tafeln, zwei Bücher, zwei Stifte, zwei Hefte, zwei Pausen

S. 106 das Auto, die Autos
der Hund, die Hunde
die Schule, die Schulen
das Buch, die Bücher
das Heft, die Hefte
das Kind, die Kinder
der Stuhl, die Stühle

S. 107 der Pirat, die Piraten
der Polizist, die Polizisten
die Hexe, die Hexen
der Zauberer, die Zauberer
der Indianer, die Indianer
die Prinzessin, die Prinzessinnen
der Clown, die Clowns

S. 108 ein Apfel, drei Äpfel
eine Banane, vier Bananen
eine Melone, zwei Melonen
eine Traube, fünf Trauben
eine Zitrone, drei Zitronen
eine Birne, vier Birnen

S. 109 die Verkäuferin -> verkaufen,
der Jäger -> jagen,
der Zauberer -> zaubern,
der Angler -> angeln,
der Schwimmer -> schwimmen,
die Sängerin -> singen,
der Koch -> kochen,
die Tänzerin -> tanzen

S. 110 Vogel -> fliegen,
Giraffe -> fressen,
Seehund -> tauchen,
Bär -> schlafen,
Affe -> klettern,
Löwe -> brüllen

S. 111 fahren, reden, laufen, trinken, werfen, treffen, lachen, gehen, tanzen, essen

S. 112/113 die Kuh -> muhen,
die Gans -> schnattern,
die Ziege -> meckern,
das Pferd -> wiehern,
der Hase -> mümmeln,
der Hahn -> krähen,
das Huhn -> gackern,
der Hund -> bellen,
das Schwein -> grunzen,
die Katze -> miauen
miauen -> miaut: Die Katze miaut.
schnattern -> schnattert: Die Gans schnattert.
bellen -> bellt: Der Hund bellt.
grunzen -> grunzt: Das Schwein grunzt.
gackern -> gackert: Das Huhn gackert.
muhen -> muht: Die Kuh muht.
mümmeln -> mümmelt: Der Hase mümmelt.
krähen -> kräht: Der Hahn kräht.
meckern -> meckert: Die Ziege meckert.
wiehern -> wiehert: Das Pferd wiehert.

S. 115 Die Erdbeere ist rot.
Molli mag Sonnenblumen. Die Blüte ist gelb.
Die Sonnenblume hat einen grünen Stängel.
Pfiff liebt Pflaumen, sie sind lila.
Kathrin Katze mag gerne Limonade, sie ist orange.
Die Kuh Emma ist weiß und braun gefleckt.
Das Ferkelchen ist rosa.
Pfiff fährt gerne ans Meer, es schimmert blau.

S. 116 Wie das Wetter sein kann:
sonnig, trübe, stürmisch, wolkig, kalt, regnerisch, nebelig
Wie Tiere sein können:
klug, krank, lieb, zart, zierlich, wachsam, bissig, treu

S. 117 Augen können so sein:
groß, traurig, blau, grau, grün, klein, braun, lachend, hell, dunkel
Gesichter können so sein:
groß, dick, traurig, klein, lachend, blass, rund, dünn
Körper können so sein:
groß, dick, klein, schlank, dünn

S. 1118 freundlich, geschickt, fröhlich, mutig, reizend, ängstlich, leise, grausam, pfiffig, ruhig

S. 119 lang – kurz, hoch – tief, nass – trocken, satt – hungrig, mutig – ängstlich, langsam – schnell, müde – wach, traurig – lustig

Mathematik · Deutsch · 2. Klasse — Lösungen

S. 120
Blume 1
Wiewörter:
wild, weich, warm, weiß, weit
Namenwörter:
Wasser, Wald, Wagen, Wort, Weg
Blume 2
Wiewörter:
neu, nass, nah, nebelig, niedrig
Namenwörter:
Nebel, Nacht, Nase, Name, Nagel

S. 121
spiegelglatt, feuerrot, schneeweiß, kreisrund, eiskalt, glasklar, zitronengelb

S. 122
schläfrig – müde, kalt – kühl, still – leise, fröhlich – lustig, höflich – nett, bunt – farbig, traurig – betrübt, rasend – wütend, einsam – allein, dunkel – düster

S. 123
Der Igel ist stachelig und lebt im Wald.
Der Elefant ist groß
und hat lange Stoßzähne.
Das Pony ist braun und man kann es reiten.
Das Kaninchen ist niedlich
und mag Möhrchen.
Der Papagei ist bunt und kann fliegen.

S. 124
schlau, neu, hell, nett, bunt, lustig, höflich, dunkel, einsam, traurig

S. 125
klein, schwer, Radiergummi, lesen, leicht, schreiben, Mathebuch, rechnen, Heft, Lineal, zuhören, Buch, laut, neu, basteln

S. 126
Namenwörter (rot):
Erde, Farbe, Fels, Sand, Stein, Kiesel, Blume, Käfer
Tunwörter (gelb):
scheinen, suchen, bewundern, finden, sammeln, aufheben, wachsen, fliegen
Wiewörter (grün):
schlecht, teuer, schwer, farbig, klein, hart, weich, groß

S. 127
Schmetterling, Tisch, Telefon, Huhn, Vase

S. 129
Die Sonne scheint hell am Himmel.
Pfiff und Molli gehen spazieren im Stadtpark. Dort sehen sie viele Menschen und Tiere.
Einige Menschen fahren Fahrrad.
Auch viele Hunde sehen sie im Park.
Auf dem Teich im Park schwimmen Enten und Schwäne. Molli füttert sie mit Brot. Den beiden Freunden gefällt es gut im Park. Sie lachen und freuen sich.
Doch plötzlich ziehen dunkle Wolken auf und es beginnt zu regnen. Molli und Pfiff beeilen sich und laufen nach Hause zurück.

S. 131
In den Ferien ist Annika bei ihrer Großmutter. Sie lebt auf einem Bauernhof. Dort besitzt sie viele Tiere. Darunter Schweine, Schafe, Kühe, Hühner und Pferde. Aber am liebsten mag Annika die Pferde. Auf ihnen reitet sie den ganzen Tag. Auch Tom, Annikas Mitschüler, besucht sie manchmal auf dem Hof. Dann toben beide ausgelassen durch das hohe Heu der Scheune.
Eines Abends macht die Großmutter eine Nachtwanderung mit den beiden Freunden. Das war Annikas schönstes Ferienerlebnis.

S. 132
Hallo Molli, wie geht es dir?
Hast du schon etwas vor morgen?
Ich gehe in den Zirkus. Kommst du mit?
Dort gibt es so schöne Tiere, die ich mit dir dort anschauen kann.
Die Vorstellung beginnt um sechs Uhr.
Bis morgen, liebe Grüße deine Kathrin

S. 133
Die 2. Klasse von Frau Müller übt seit Wochen ein Theaterstück.
Sie spielen „Dornröschen".
Für die erste Vorstellung basteln die Kinder Einladungskarten.
Dazu pflücken sie Rosen und kleben sie auf die gefalteten Papierkarten.
Jede Karte sieht ein wenig anders aus.
Aber Molli haben sie alle gut gefallen.
Wir werden die Vorstellung besuchen, begleitest du uns?

S. 136
Huhn, Zahnbürste, Uhr, Sahne, Möhre, Blumenkohl

S. 135
die Zahnbürste, die Uhr, die Sahne, die Möhre, der Blumenkohl, das Huhn

S. 136
Zeh, Wohnung, sehr, Möhre, Zahn, Uhr, Ohr, Hahn, Zahl, Zehn, Fehler, Blumenkohl
Wörter ohne Dehnungs-h:
Sendung, nämlich

S. 137
Sieb, Trieb, lieb -> Piep
Hund, rund, gesund -> bunt
Feld, Geld, Held -> Zelt
Schrank, Tank, krank -> sang

S. 138
b, d, oder g:
haben, finden, Erde oder Erbe,
Magen oder Maden, sagen, geben
oder gegen, fragen, lieben oder liegen,
werden oder werben, tragen oder traben,
üben, graben, zeigen, beide, Gebäude
k, p oder t:
April, Vater, Papier, heute, danken, raten, denken, Meter, September, treten, gestern, Paket, warten, dunkel, kosten, Seite, Doktor, Kröte

S. 139
Wörter mit B:
Bär, Ball, Boot, Biene, Birne, Blume
Wörter mit P:
Pelz, Punkt, Papagei, Paket, Post, Park

S. 140
Bus:
Tier, Tag, Treppe, Turm, Tasse
Dorn, Dach, Decke, Dose, Dorf
Auto:
Pilot, Magnet, Gericht, Plakat, Zelt
Wind, Brand, Strand, Freund, Geduld

S. 141
Lastwagen:
Küche, Katze, Kopfkissen, Kochtopf, Kühlschrank
Geschirr, Gurke, Gabel, Glas, Goldfisch
Fahrrad:
Torte, Teig, Tiger, Tinte
Ding, Dieb, Damm, Dackel

S. 142
Windrad 1: Kind, Kuss, Kirche, Kopf, Kuh, Koffer
Windrad 2: Gans, Geld, Glück, Gras, Gold, Garten

S. 143
Glas, Weg, Zwerg, Burg, Steg, Honig, Vogel, König, Tiger, Flugzeug

S. 144
Fleck, Block, Glück
Decke, Zucker, Hecke
schmecken, drücken, verstecken

S. 145
Pfiff und Molli haben eine Decke und Besteck mit auf die Wiese gebracht.
Sie haben etwas Leckeres zum Essen eingepackt: Brot mit Speck vom Bäcker, da ihnen das am besten schmeckt. Zum Nachtisch hat Molli Schokolade und Kekse eingepackt. Nach dem Picknick spielen die beiden Verstecken. Pfiff kriecht hinter eine Hecke, um Molli zu erschrecken.
Sie bekommt einen großen Schreck und fällt in den Dreck am Boden.
Der Nachmittag hat ihnen gut gefallen. Müde und dreckig kommen sie zu Hause an.
Schokolade und Kekse schreibt man nur mit „k".

S. 146
Am Abend sitzen die Freunde um das Lagerfeuer und wärmen sich. Sie schauen sich die Sterne am Himmel an, als es plötzlich zu gewittern beginnt. Blitze und Donner erschrecken die Freunde. Molli hat Angst und legt sich ins Zelt. Als Pfiff und Kathrin die ersten Tropfen ins Gesicht spritzen, suchen auch sie Schutz und ein trockenes Plätzchen im Zelt.

S. 147
schmatzen, hetzen, Schutz, Schmutz, schwitzen, Katze, Netz, blitzen, Schatz

S. 148
Katze, Pfütze, Sitze, Mütze, schützen, Hitze, Blitze, Netze, hetzen

S. 149
blau:
Stiefel, Stern, Stock, Straße
grün:
Spatz, Spiegel, Spinne, Spaten
rot:
Schlitten, Schraube, Schloss

S. 150
Wörter mit Sp-:
Spinne, Spannung, Spritze, Sperre, Spanien, Sprache, Spitze, Spatz
Wörter mit sp-:
spicken, spinnen, sparen, spritzen, sprechen, spülen, springen, spielen

S. 151
spalten, spazieren, sperren, spritzen, spielen, springen
Spalte, Spitze, Spiegel, Sport, Spaß, Spiel

S. 152
St-Stern:
der Stern, der Stuhl, die Stunde, die Straße, die Stimme, das Stück
st-Stern:
stehen, stellen, steigen, stampfen, stricken, strafen

S. 153
stolpern, strecken, stark, still, stolzieren, Stall, Stadt, Stoff, Start, Stock

S. 154
Heute findet in der Waldschule ein großes Sportfest statt. Alle Kinder haben viel Spaß. Pfiff und Molli springen vor Aufregung von den Stühlen. Molli stolpert beim Spiel über einen spitzen Stein und stürzt. Kathrin Katze ist sehr still und trinkt zur Erfrischung ein großes Spezi. Pfiff läuft in der Staffel mit, aber er verliert, weil er den Stab fallen lässt. Er fürchtet, dass seine Freunde über ihn spotten. Doch er hat einen weiteren Versuch und sprintet ins Ziel. Pfiff, das war Spitze!

S. 155
Wörter mit ß:
Fuß, groß, heiß, Fleiß, grüßen
Wörter mit ss:
Tasse, besser, Fluss, Wasser, Schloss
Wörter mit s:
Gemüse, Nase, Paradies, Preis, lesen

S. 156
Pfiff und Molli lassen Drachen steigen. „Das macht Spaß!", rufen die Freunde. Danach gießen sie die Blumen im Garten. Der Garten ist groß und es dauert, bis sie alles gegossen haben.
Lösungssatz:
Molli pflückt für Pfiff eine Blume.

S. 157
Tiger wird nur mit „i" geschrieben.
Dieb, Stiefel, Fliege, Biene, Riese, Brief, Wiese